Bärbel Kronz lebt in Habichtswald, wo sie über elf Jahre engagiert Beagles züchtete. Sie beschäftigte sich eingehend mit Hundeverhalten, bedürfnisgerechter Hundehaltung, gesunder Zucht und artgerechter Welpenaufzucht. Über viele Jahre gehörten zu ihrer Familie drei bis sechs Beagles. Ihre Welpenkäufer informierte sie lange vor dem Kauf über die Eigenarten dieser Rasse. Aus den jahrelangen Erfahrungen entstand u.a. dieses Buch.

Weitere Hundebücher der Autorin:
Beaglepower
Welcher Hund passt zu mir?

Romane:
Lauras Odyssee (mit Beaglehündin Summer)
Freitag ist Badetag (ein Roman aus dem Ruhrgebiet)

erhältlich bei www.amazon.de

2. erweiterte Auflage im Mai 2016
Original: 2004 Cadmos Verlag, Brunsbek

CreateSpace Independent Publishing Platform

ISBN-13: 978-1533355058
ISBN-10: 1533355053

Bärbel Kronz

Ratgeber für ein glückliches Beagle-Leben

Verstehen

Erziehen

Mit ihnen leben

Inhalt

VORWORT

Dieser kleine Ratgeber zum Jagd- und Meutehund Beagle soll Ihnen helfen, vor allem die ersten Wochen und Monate mit Ihrem neuen Familienmitglied freudig zu meistern.

Der Beagle ist ein etwas anderer Hund. Mein Mann sagte immer: „Viele Menschen haben Hunde, wir haben Beagles.“ Und damit hat er recht. Viele meiner Welpenkäufer, die früher schon mit anderen Rassen ihre Erfahrungen sammelten, stimmen dem uneingeschränkt zu.

Bei meinem ersten Beagle (1992) las ich etliche Erziehungsbücher, probierte dieses und jenes. Doch das meiste davon misslang mir gründlich. Ich merkte mit der Zeit, dass viele Bücher eher für führigere Rassen geschrieben wurden. Durch Besuche verschiedener Hundeschulen, durch Lektüre über Verhaltensforschung (Ethologie) und aus Gesprächen mit erfahrenen Kynologen habe ich viel gelernt und konnte so im Laufe der Zeit Fehler vermeiden. Meine Erfahrungen gab ich gerne an meine Welpenkäufer weiter. Die Resonanz war durchweg positiv. Sie mussten nicht mehr die Fehler machen, aus denen ich bereits gelernt hatte. Die kleinen Beagles und ihre Besitzer profitierten davon.

In der Vergangenheit wurde ich wiederholt auf eine von mir zusammengestellte Informationsmappe über den Umgang mit dem Beagle angesprochen. Viele Menschen wandten sich an mich auf der Suche nach einem praktischen Ratgeber. Aus diesem Grund gebe ich meine Erfahrungen an all diejenigen weiter, die in Zukunft mit einem Beagle, dem für mich tollsten Hund der Welt, in freudiger Gemeinschaft zusammenleben möchten.

Kein Mensch ist vollkommen. Deshalb sind die folgenden Ausführungen zum Beagle meine Meinung und basieren auf meinen persönlichen Erfahrungen im Zusammenleben mit Beagles.

Bärbel Kronz

GELEITWORT
aus dem Jahr 2004

Und noch ein Hundebuch? Ja, und dieses ist wirklich wichtig. Gerade über den Beagle gibt es seit Jahren kein aktuelles Buch, das sich speziell an den Liebhaber dieser Rasse wendet. – Und beim Beagle ist es besonders wichtig, im Vorfeld zu wissen, welche Ansprüche diese sehr ursprüngliche Jagdhundrasse an seinen zukünftigen Halter hat.

Meist fällt die Wahl auf den Beagle, weil die Rasse eine handliche Größe hat, er einfach nett und hübsch anzusehen ist, und weil die Rassebeschreibung von seinem Charakter nur Gutes zu berichten weiß. Wer wünscht sich denn nicht einen immer fröhlichen und robusten Hund, der Mensch und Hund gegenüber freundlich ist.

Im Zeitalter unseliger und unsinniger Hundeverordnungen suchen zukünftige Halter ihren Wunschhund auch nach Verhaltenseigenschaften aus. Gerade deswegen ist es so wichtig, die jahrhundertealte Zuchtgeschichte des Beagles als Meutenjagdhund nicht zu vergessen und die Probleme aufzuzeigen, die sich bei der Haltung eines passionierten Jägers in unserer modernen Welt ergeben können. Hier stellt der Beagle eine ganze Reihe von Forderungen an seinen Menschen, wenn dieser ihm ein tiergerechtes Leben bieten will. In dieser Hinsicht schreibt die Autorin aus eigenen, mitunter leidvollen Erfahrungen. Mit Witz, Charme und Klugheit erzieht der Beagle nicht selten seine Zweibeiner besser, als es Ihnen umgekehrt je gelingt. Wer den bedingungslos auf Fingerschnippen gehorchenden Befehlsempfänger wünscht, ist hier verkehrt. Er muss immer mit dem liebenswerten Eigensinn und unbändigen Temperament dieses Naturburschen rechnen.

Diesem Buch ist eine weite Verbreitung bei allen Beagleinteressierten zu wünschen, bevor sie einen Hund dieser Rasse in ihren Hausstand aufnehmen. Denn nur bei allem Abwägen des Für und Wider wird dann die klare Entscheidung für den Beagle ungetrübte Freude an diesem anspruchsvollen Kameraden ein Hundeleben lang bringen.

Dr. Elisabeth Venzl

Ein kleiner historischer Ausflug

Sprachforscher streiten sich bis heute über die Herkunft des Namens Beagle. Kommt er aus dem Altfranzösischen „béguele“ (weit offene Kehle) oder „beigh“ (klein)? Vielleicht liegt der Ursprung im altenglischen Wort „begle“ oder im keltischen „beag“ (beides: klein). Erstmals wird die Bezeichnung Beagle in dem Buch *The Squire of Low Degree* benutzt. Es erschien 1475. Aber der Weg bis dahin war weit.

Im 6. Jahrhundert saßen die Kelten in Spanien, Oberitalien, Mitteldeutschland und Ungarn. Der größte Teil des Volkes ließ sich in Mittelfrankreich nieder (Gallier). Ein eigenes Land besaßen die Kelten nicht. Auf all ihren Kriegszügen und großen Jagden wurden sie von schweren Laufhunden (Mastiffarten) begleitet, die sie zum Teil mit Windhunden kreuzten, um sie leichter und schneller zu machen. Sie führten züchterischen Hundehandel zum Beispiel mit Phöniziern wie mit Belgiern. In einem Kloster in Belgien züchteten Mönche im 8./9. Jahrhundert aus keltischen Laufhunden den Chien de St. Hubert (St. Hubert Hound), den Ahnen des Bloodhound. Eine daraus entstandene Variante, der Talbot, kam ab 1066 nach England, als der Normanne Wilhelm der Eroberer dort landete.

Um 1400 kamen, wieder nach einem Kriegszug, bunt gescheckte Spürhunde aus Südfrankreich nach England, die man mit dem Talbot kreuzte. Das Ergebnis war ein Hund, der eine vorzügliche Nase besaß, über einen unbeirrbaren Spurwillen (der Fährte bedingungslos folgen, auch unter problematischen Bedingungen)verfügte, einen sicheren Laut innehatte und vielfältige Haarfarben aufwies. Für die Hasenjagd zu Fuß war er wie geschaffen. Der Urahn des Beagles war geboren.

In der Folgezeit selektierten die Züchter auf jagdliche Leistung und Wesen. Unbedingt notwendig waren gutes Meuteverhalten (Zusammenhalt), Freundlichkeit und Anpassungsfähigkeit. Bei der Leistung achtete man unter anderem besonders darauf, dass diese Hunde selbständig arbeiteten. Dabei kam das Bloodhounderbe voll zum Tragen. Der Bloodhound wird auch heute noch beschrieben als selbständig mit wenig Hang zum Gehorsam. Diese Eigenschaft kennen alle Beaglebesitzer zur Genüge, nehmen sie aber aufgrund der Historie ihren Hunden nicht übel.

Seit den Tudors hält das englische Königshaus Beaglemeuten. Dadurch wurde die Reinzucht über die Jahrhunderte dokumentiert. Mit der Zeit änderte sich die Zucht in Hinsicht auf das Erscheinungsbild. Weiter standen Leistung und Wesen im Vordergrund bei den Planungen der Verpaarungen, aber ein einheitlicheres Äußeres kam als Zuchtziel hinzu. Für die Verbreitung des Beagles in Australien, Neuseeland, Kanada, den USA und Indien sorgten die englischen Eroberer und Siedler. Sie nahmen mit ihren Hunden ein Stück Zuhause mit.

Mitte des 19. Jahrhunderts soll es in Mecklenburg und Vorpommern Beaglemeuten auf einigen Gütern gegeben haben. Als Haushund fasste der Beagle in Deutschland erst in den 70er-Jahren Fuß (lt. Dissertation 1990, Dr. E. Venzl).

Drum prüfe, wer sich bindet

Sie tragen sich mit dem Gedanken, einen Beagle zu kaufen? Damit stehen Sie vor einer Entscheidung, die für die nächsten – mit Glück – 17 oder 18 Jahre Ihr Leben bereichern, aber auch verändern wird. Treffen Sie bitte keine übereilte oder einsame Entscheidung. Überlegen Sie in Ruhe mit allen Familienmitgliedern, lange vor dem Welpenkauf.

Ein Hund sollte grundsätzlich nie nur nach dem äußerlichen Typ ausgesucht werden. Oft höre ich: „Wir möchten gerne einen Beagle, weil er ein so süßes Gesicht und die richtige Größe für die Wohnung hat.“ Das stimmt schon, aber viel wichtiger ist es, sich über den Charakter des Wunschhundes klar zu werden: „Passt der Beagle wirklich zu mir? Zu uns? In unsere Familie?“ Und passt ein Jagdhund in Ihr Leben? Denn das ist der Beagle.

Für einen Jäger gehört er zum Clan der Bracken. Das sind Hunde, die vom äußeren Typ her ziemlich unterschiedlich sind. Es gibt große und kleine, graziöse und bullige. Aber eines haben sie alle gemeinsam: Sie jagen laut mit lockerem Spurlaut auf der Fährte (lautes, dauerhaftes Gebell), ohne Sichtkontakt. Damit zeigen sie dem Jäger an, wo sie sich selbst befinden und aus welcher Richtung sie das Wild auf ihn zutreiben. Brackieren bedeutet „wenden und zurückbringen“, denn das Wild hört die Bracke ebenfalls, weiß, wo sie sich befindet, und nimmt in Ruhe seinen Weg vor ihr her.

Mit Hounds bezeichnet der Jäger Bracken, die in Meuten jagen. Dazu gehört der Beagle. Er ist also durch und durch ein Meutehund und braucht Gesellschaft, eben seine Meute. Er hungert deshalb förmlich nach menschlicher Gesellschaft, und das auch dann, wenn er einen Rassekumpel im Haus hat. Meine Hündinnen leisteten sich gegenseitig Gesellschaft, sie spielten miteinander, sie kuschelten eng zusammen, aber sie hielten sich fast immer in meiner Nähe auf. Falls ich einmal über einen längeren Zeitraum etwas ohne Hunde vorhatte, zum Beispiel zu einer Hochzeitsfeier wollte, war stets ein Dogsitter im Haus. Eine Person, der ich vertraute und die meine Beagles gut kannte.

Lassen Sie einen Beagle in den ersten zwölf Monaten nie über viele Stunden allein. Die Einsamkeit zerstört Vertrauen und verunsichert den Kleinen total. Eine innere Panik macht sich beim Welpen (bis 16. Woche) und Junghund (bis ca. 8./9. Monat) unweigerlich breit. Die Reaktionen können unterschiedlich sein, da jeder Hund von seiner Persönlichkeit her anders ist. Der eine fügt sich und trauert still vor sich hin, was leider oft als „Ach, was ist der lieb“ interpretiert wird. Der andere macht seiner Panik Luft, indem er Möbel, Teppiche oder Tapeten anknabbert. Welpen und Junghunde können dabei sehr kreativ sein. Zerstörungswut? NEIN! Der Beagle ist nicht wütend, sondern tieftraurig. Er macht seinen seelischen Qualen Luft. Er versteht die Welt nicht mehr, weil Alleinsein absolut artfremd für ihn ist. Er stammt wie alle Hunde vom Wolf ab. In einem Wolfsrudel gibt es kein Alleinlassen. Selbst wenn erwachsene Wölfe auf der Jagd sind, bleiben einige halbwüchsige oder/und alte bei den Welpen.

Einige Besitzer werden leider aber auch dann noch nicht wach. Sie ignorieren das Problem des Hundes und sperren ihn einfach in einen Raum, in dem er nichts anstellen kann oder sogar in einen Zwinger. Damit ist zwar der Wohnungseinrichtung geholfen, der Hund aber geht innerlich zugrunde. Weggesperrt zu werden, egal ob Badezimmer, Keller oder Zwinger, ist für jeden Hund ein Alptraum. Hunde sind Rudeltiere und der Beagle ganz besonders. Deshalb nehmen Sie bitte nur dann einen Welpen ins Haus, wenn Sie viel Zeit und Geduld haben. Er hat es so verdient und zahlt es Ihnen über Jahre mit viel Liebe zurück.

Berufstätigkeit und Hund

Damit Ihr Beagle sein späteres Leben ohne Scheu und Angst bewältigt, muss ihm vor allem in den ersten zwei Lebensjahren eine Vielzahl von Lernerlebnissen geboten werden. Die Anforderungen sind groß. In seiner besonders sensiblen Phase, die etwa von der 8. bis zur 16. Lebenswoche dauert, treibt die Neugier den Welpen an, die Welt Stück für Stück zu erobern. Dabei wird Angst ab- und Sicherheit aufgebaut. Ihre Aufgabe ist es, ihn dabei umfassend zu unterstützen. Für diese zwei Monate müssen Sie Urlaub oder wenn nötig, einen Dogsitter einplanen. Ein Welpe verkraftet es psychisch nicht, jeden Tag über viele Stunden allein zu sein. Das gelegentliche Alleinsein wird allmählich in kleinen Schritten eingeübt. Davon später mehr.

Ab etwa der 17. Lebenswoche besitzt der Hund genug Selbstbewusstsein, die Stubenreinheit ist geschafft, und der Grundgehorsam klappt weitestgehend. Bei Halbtagsjobs ist es nun möglich, ihn mit an den Arbeitsplatz zu nehmen, vorausgesetzt, der Chef und die berufliche Umgebung lassen es zu. Eine Runde vor Arbeitsbeginn lässt Sie und Ihren Hund erfrischt in den Alltag starten. In der Firma steht nah bei Ihnen ein bequemer Liegeplatz bereit. Mittags geht’s gemeinsam heim, und der Tag hält neben anfallenden Hausarbeiten noch genug Zeit für Spiele, Training und Auslauf bereit.

Besteht keine Chance, den Hund an Ihren Arbeitsplatz mitzunehmen, bringen Sie ihn während Ihrer Abwesenheit bei Nachbarn oder Freunden unter. Für Ganztagsberufstätige lässt sich der Hundewunsch selten verwirklichen, selbst wenn die Mitnahme an den Arbeitsplatz möglich ist. Ihr temperamentvoller Junghund möchte seine Neugier jeden Tag aufs Neue befriedigen. Ein langer Arbeitstag bietet üblicherweise nicht den Spielraum für Training, Spiel und Spaziergänge. Im Normalfall wird seine Lebhaftigkeit ständig unterdrückt und Verbote bestimmen den Großteil des Tages. Innere Konflikte setzen dem Hund mehr und mehr zu. Er wird sehr unglücklich.

Aber vielleicht können Sie mit Ihrem Chef ein Konzept aushandeln, in dem sich Ihre Tätigkeit mit Spielzeiten und Auslauf vereinbaren lässt? Oder Sie entscheiden sich für einen älteren Beagle (s. Adressen hinten), der einfach gern und ruhig bei Ihnen liegt. Auslauf zwischendurch muss aber auch dann möglich sein.

Es hilft ganztags Beschäftigten nicht, den Hund tagsüber bei Freunden gut aufgehoben zu wissen. Eine Abend- und Wochenendbeziehung wird dem Hund keinesfalls gerecht. Er wird sich nach einiger Zeit nur noch bei den Freunden Zuhause fühlen.

Autokäfig - sicherer Garten - laufen

Natürlich muss man seinen Hund später auch alleinlassen können – für maximal drei Stunden! Das muss aber warten, bis er die biologische Reife dafür besitzt und sich ein festes Vertrauensverhältnis zwischen Familie und Beagle eingestellt hat. Bis zum 9. Monat geben Sie Ihren Beagle besser in die Obhut eines Dogsitters, der ihn gut kennt. Ab dem 7. Monat beginnen Sie mit kleinen Zeitintervallen die Übung „Alleinbleiben“ (s. im Kap. „Erziehung“). Fahren Sie zum Einkaufen, dann ist der junge Hund im Autokäfig gut aufgehoben. Aber bitte nicht in der Sonne parken! Vergessen Sie nie, für frische Luft ins Autoinnere zu sorgen. Denken Sie an den Wechsel des Sonnenstandes, falls Sie etwas länger mit Besorgungen beschäftigt sind. In der Sonne kann sich selbst bei kühlen Außentemperaturen ein Wageninneres innerhalb von Minuten auf 50° und mehr aufheizen. Bei solcher Hitze ist ein Kreislaufkollaps vorprogrammiert. Auch die Mitnahme von frischem Wasser ist angebracht.

Binden Sie Ihren Beagle nie vor einem Geschäft an. Beagles besitzen ein ausgesprochen freundliches Wesen und gehen problemlos mit jeder Person mit.

Sie sollten einen sehr sicher eingezäunten Garten besitzen, in dem sich Ihr Beagle frei bewegen kann. Das halte ich für unentbehrlich, weil (leider) die meisten Beagles nach der Pubertät mit etwa acht Monaten wegen des starken Jagdtriebes an der Leine geführt werden müssen. Viele auch schon früher.

Beagles besitzen nun mal eine sehr, sehr feine Nase, die sie ständig einsetzen und damit schnell Witterung aufnehmen. Den Besitzern bleibt oft nicht einmal eine Schrecksekunde, bis ihr Hund durchstartet und der aufgenommenen Fährte folgt. Das ist nun mal sein Job! Über 500 Jahre ist der Beagle vor allem auf diese Leistung hin gezüchtet worden und es steckt somit einfach in ihm drin; bei dem einen mehr, bei dem anderen weniger. Legen Sie es dieser Rasse nicht als Sturheit aus, denn es ist ein gewolltes Zuchtergebnis, mit natürlich individuell verschiedener Ausprägung.

Von meinen Damen besaßen zwei einen sehr ausgeprägten Jagdtrieb und zwei nur einen sehr schwachen. Meiner Becky war es einfach vom Charakter her wichtig, in meiner Nähe zu sein. Wenn sie wirklich einmal einer Fährte folgte, kam sie spätestens nach 15 Minuten wieder zu mir zurück. Auf Tracy musste ich schon zwei Tage voller Angst warten. Nach einigen dieser sorgenvollen Erlebnisse lief sie außerhalb unseres großen Gartens nur noch an der 8-Meter-Rollleine. Auf meinem beaglesicher eingezäunten Grundstück empfing sie Hundebesuch, ich spielte und trainierte dort mit ihr und meinen anderen Beagles, und sie hatte wenigstens einen Bereich, in dem sie sich ohne Leine bewegen konnte. Allerdings ersetzte auch dieses große Territorium niemals die Spaziergänge.

Der Beagle gehört zur Gruppe der Lauf- und -Schweißhunde, die sich gerne und viel bewegen, um Gerüche aufzunehmen. Da diese Rasse in unserer Gesellschaft ihrem Jagdtrieb nicht oder nur eingeschränkt nachgehen kann, muss sie viel laufen und zwar bei *jedem* Wetter.

Ihre nächste Überlegung vor dem Beaglekauf sollte daher sein, ob auch Sie und Ihre Familie gerne bei jedem Wetter spazieren gehen. Ein erwachsener Beagle, ab dem 18. Monat, braucht auf den Tag verteilt *mindestens* 3 Stunden Auslauf. Sie können ihm das niemals durch einen noch so großen Garten ersetzen, denn dieses Terrain wird seiner guten Nase nach kurzer Zeit langweilig. Er findet dort keine neuen Gerüche mehr. Sind sie wirklich bereit für lange Spaziergänge, auf immer wieder verschiedenen Wegen, auch mal in Gummistiefeln und Regenjacke? Und sind Sie auch gesundheitlich fit dafür?

Loyalität

Können Sie auch mit einem Malheur leben? Was ist, wenn das gerade neu gekaufte Paar Schuhe dem Welpen zum Opfer fällt, wenn er mit Matschpfoten direkt durchs frisch geputzte Wohnzimmer rennt und sich auf dem hellbeigen Läufer niederlässt? Ist Ihnen ein gepflegter Garten wichtig oder können Sie auch mit Buddellöchern und einem zerlegten Rosenstrauch leben? Welpen und Junghunde strotzen vor Ideenreichtum und besitzen nicht unsere Wertvorstellungen. Es wird Ihnen nicht immer gelingen, den Racker im Auge zu haben. Ein Tischbein wird angeknabbert, die Designerbrille zerbröselt und der geliebten Puppe fehlt plötzlich ein Arm. Sie müssen sich sicher sein, auch dann loyal zu ihm stehen zu können.

Dies sind nur wenige Beispiele für den Forschungstrieb und Erlebnisdrang eines Welpen. Würden Sie dann in Erwägung ziehen, ihn wieder dem Züchter zurückzugeben? Wenn ja, dann sollten Sie von vornherein auf die Anschaffung eines Beagles verzichten – in Ihrem eigenen Interesse und ganz besonders im Interesse des Welpen!

Auch ein noch so gewissenhaft gezüchteter und sorgsam aufgezogener Beagle kann schon in jungen Jahren erkranken. Er ist dann auf Ihre Pflege und Fürsorge angewiesen, vielleicht für lange Zeit. Können Sie ganz gewiss zu ihm halten, ohne innere Erbitterung?

Allergie

Wie steht es mit der eigenen Gesundheit und der der Familienangehörigen? Gab oder gibt es Allergien oder Symptome für allergische Reaktionen? Chronische Beschwerden der Atemwege oder Hautausschläge? Im Zweifelsfall sprechen Sie lange vor der Kaufentscheidung mit einem erfahrenen Allergologen und sagen ihm offen, dass Sie vorhaben, einen Hund anzuschaffen. Es gibt heute relativ sichere Methoden zur Bestimmung der Antikörper im Blut.

Urlaub

Was machen Sie im Urlaub? Wenn ein Welpe bei Ihnen einzieht, planen Sie besser in den ersten acht bis neun Monaten keinen Urlaub, der mit einer Trennung verbunden ist. Der Hund braucht Sie in dieser Zeit besonders. Mit ihm zusammen können Sie ab etwa der 20. Lebenswoche Ferien planen, nachdem er sauber ist und sich bei Ihnen gut eingewöhnt hat. Falls Sie gerne in die Sonne fliegen, sollten Sie für Ihren erwachsenen Liebling einen guten Urlaubsplatz bei Eltern, Freunden oder Bekannten sichern. Ein Hund gehört auf keinen Fall für Stunden in den Gepäckraum eines Flugzeugs, eingesperrt in eine Box, getrennt von seinen Menschen, wo er allein mit all den beängstigenden fremden Gerüchen und extrem lauten Geräuschen überflutet wird. Das Gehör des Hundes übertrifft das des Menschen um ein Vielfaches und nimmt den Lärm im Gepäckraum in höchstem Maße wahr. Möglicherweise befindet er sich auch in Gesellschaft anderer ängstlicher Tiere. Diese Angst kann er riechen, was ihn noch mehr in seelische Nöte sacken lässt.

Am schönsten ist der gemeinsame Urlaub. Mein Mann und ich fuhren mit unseren vier Schnüfflern bevorzugt in Ferienhäuser in Dänemark. Dort konnten die Hunde am Strand und in der weiten Heide laufen und neue, interessante Gerüche aufnehmen. Informieren Sie sich, denn es gibt spezielle Angebote für Ferienreisen mit Hund(en) in ganz Europa. Bevor wir Hundebesitzer wurden flogen wir vorzugsweise in den Süden. Doch das Leben änderte sich schon durch den ersten Hundekauf beträchtlich, was wir nie bereuten. Gemeinsam in gemäßigtem Klima unterwegs erlebten wir wunderbare Urlaube.

Haben Sie Geduld?
Können Sie mit dem „Dieb“ leben?

Der Beagle ist ein temperamentvoller, lernbegieriger Hund. Bringen Sie Lust und Gelassenheit für Spiel und Training auf? Der kontinuierliche Besuch einer guten Welpen- und Junghundgruppe fördert das Sozialverhalten des jungen Hundes und gibt Ihnen noch mehr Verständnis für Ihren Hund. Es entsteht ein festes Band und eine gute Mensch-Hund-Beziehung, die Sie bestimmt nach kurzer Zeit nicht mehr missen möchten.

Ein weiterer Punkt ist das Klauen, die mutwillige Eigenbeschaffung entweder von Futter oder anderen Dingen, die für den Hund von Interesse sein könnten. Ich deckte zum Beispiel den Esstisch nur dann, wenn jemand daneben stand und mindestens ein Auge, besser zwei, auf Tisch und Hunde hatte. Es gibt leider einige Dinge, die der Beagle nicht lernen will und lieber Strafe in Kauf nimmt, um sein Ziel zu erreichen. Er kann fast alles gebrauchen, auch die CD und die Fernbedienung. Nach Tagen oder Wochen tauchen diese Dinge meist irgendwo im Garten wieder auf, angeknabbert oder fein säuberlich in Stücke zerlegt. Stellen Sie eine Tasche nie unbeaufsichtigt auf den Boden. Für einen Beaglewelpen gibt es kaum etwas Interessanteres, als den Inhalt zu erforschen und eingehend auf Bissfestigkeit zu prüfen.

Diese Unart bekommen Sie aber durch rechtzeitiges Beobachten und gezielte Erziehung in den Griff.

Kleintiere im Haushalt

Gibt es bereits Kleintiere in Ihrem Haushalt? Hamster, Chinchilla, Mäuse, Ratten, Meerschweinchen oder einen Zwerghasen? Bedenken Sie, der Beagle ist und bleibt ein Jagdhund. Versuchen Sie nicht, die Tiere aneinander zu gewöhnen. Sitzt der Hund vor dem Hamsterkäfig, steht das Nagetier permanent unter Stress. Trennen Sie die Tiere räumlich. Verlassen Sie sich nicht darauf, dass sich die Hausgenossen irgendwann als Familienmitglieder respektieren lernen. Diese Kleintiere sind und bleiben willkommene Beute, sobald sich eine günstige, unbeobachtete Gelegenheit bietet.

Hündin oder Rüde?

Möchten sie lieber eine Hündin oder einen Rüden? Schauen Sie einmal in der Nachbarschaft nach. Leben rechts und links von Ihnen überwiegend Hündinnen, dann sollten Sie sich vielleicht doch keinen Rüden kaufen. Eine Hündin nach der anderen wird heiß, und Sie haben einen liebeskranken Hund daheim, der nicht fressen will, sondern tagsüber und nachts vor Sehnsucht heult. Das kann sich störend auf Ihr Nervenkostüm und das Ihrer Nachbarn auswirken. Eine Kastration hilft in dem Fall nach meinen Erfahrungen nicht. Ich persönlich halte Operationen bei gesunden Hunden, nur um sie „anzupassen", ohnehin für bedauerlich. Bedenken Sie: Jeder Beagle hat seine Eigenschaften und Eigenheiten, die mehr individueller Natur sind und nicht oder kaum geschlechtsbedingt. Ein Rüde kann genauso zickig sein wie eine Hündin oder eben genauso schmusig und lieb.

Beagle-Vorteile

Jede Hunderasse besitzt ihre Vor- und Nachteile. Der Beagle ist freundlich, offen und ausgeglichen zu allen Menschen und nie langweilig. Ich musste niemals Sorge haben, einen meiner Beagles in die Nähe eines Kindes oder Babys zu lassen. Auf Spaziergängen weichen andere Ausflügler den Beagles nicht aus. Die Robustheit und Gesundheit dieser Rasse gefällt mir ebenso. Tierarztbesuche beschränkten sich bei meinen Beagles und dem Nachwuchs im Wesentlichen auf die jährliche Impfung. Unfälle steckten sie immer körperlich wie seelisch gut weg.

Das wetterbeständige, kurze Fell ist auch von Vorteil. Meist reichte ein Handtuch aus, um es nach Wanderungen durch nasse Wiesen und vorbei an matschigen Feldern zu säubern.

Die Lernbereitschaft, die Spielfreude, die hohe Verträglichkeit auch mit anderen Hunden, die Anhänglichkeit Zuhause, die freundliche Begrüßung eines jeden Besuchers und schließlich auch das große Schmusebedürfnis entschädigten mich für den kleinen Nachteil der außerordentlichen Jagdleidenschaft.

Kosten

Was sagt Ihr Geldbeutel zur Hundehaltung? Hält er die Kosten aus für: Hundesteuer, Haftpflichtversicherung, jährliche Impfungen, Wurmkuren, Mittel zur Parasitenbekämpfung, Pflegeutensilien, gutes Futter, Näpfe, Leckerchen, Halsband, Suchgeschirr, Leinen, Liegeplätze, Auto- und Zimmerkäfig(e), Spielzeug, Hundeschulbesuche, Zusatzkosten im Urlaub, Dogsitter?

Erkundigen Sie sich vor dem Kauf bei Ihrer Gemeinde nach dem Hundesteuersatz. Jede Gemeinde legt dies anders fest. Ich rate dazu, monatlich einen Betrag beiseite zu legen, um für Neuanschaffungen und vor allem für überraschende Tierarztbesuche gewappnet zu sein. Passiert ein Unfall und Ihr Hund muss operiert werden, sind schnell einige Hundert Euro fällig. Tierärzte werden immer sofort bezahlt.

Vermieter und Nachbarn

Falls Sie Mieter sind, sollten Sie Vermieter und Nachbarn um ihr schriftliches Einverständnis zur Hundehaltung bitten. Auch Besitzer von Eigentumswohnungen müssen sich vor dem Hundekauf, auch am besten schriftlich, der Akzeptanz der Nachbarn versichern. Lassen Sie sich bitte nicht nur auf zustimmende Worte ein. Irgendwann kommt es durch Kleinigkeiten mal zum Streit mit einem Mitbewohner, und der hat vielleicht nichts Besseres zu tun, als gegen Ihren Hund zu plädieren, um seinem Groll Luft zu machen. So etwas kann eskalieren und für Sie den Umzug mit Ihrem Hund bedeuten.

Kein eigenes Auto?

Falls Sie selbst kein Autofahrer sind, benötigen Sie Hilfe, wenn Ihr Hund sich verletzt oder plötzlich erkrankt. Tierärzte kommen nicht immer ins Haus, weil sie nur in ihrer Praxis zahlreiche notwendige Untersuchungen und Behandlungen durchführen können. Verlassen Sie sich lieber nicht auf den sonst so netten, hilfreichen Nachbarn und sein Auto. Genau in dem Moment, wo sich Ihr Beagle vor seinen Füßen erbricht, fällt ihm ein, dass er sofort einen wichtigen Geschäftstermin wahrnehmen muss. Taxifahrer lehnen solche Fahrten auch oft ab. In vielen Regionen sind Tiernotarztwagen unterwegs, die auch nachts und an Wochenenden angefordert werden könne. Für zahlreiche Praxen und Tierkliniken fahren Tiertaxis. Fragen Sie den Tierarzt nach solchen Möglichkeiten, bevor der Ernstfall eintritt. Auch reine Fußgänger können sich den Beaglewunsch erfüllen.

Dogsitter für den Ernstfall

Krankheiten, Unfälle überfallen auch uns Menschen manchmal sehr plötzlich. Ein Aufenthalt im Krankenhaus ist dann sofort notwendig. Für diese Situation sollten Sie jemanden kennen, der einen Schlüssel Ihrer Wohnung aufbewahrt und sich von jetzt auf gleich um Ihren Hund kümmern kann. Er sollte ihm vertraut sein und mit ihm umgehen können.

*****

Haben Sie die von mir angesprochenen Punkte alle gut durchdacht und in der Familie besprochen und diskutiert, dann wünsche ich Ihnen viel Freude mit dem neuen Familienmitglied Beagle, einem Hund mit Charakter, der das Leben in und mit seiner Familie bestimmt bereichern wird.

Wo kaufen?
– Züchter, Vermehrer, Händler

Dass es gravierende Unterschiede, nicht nur im Welpenpreis, zwischen Hundezüchtern und –händlern gibt, ist vielen Menschen nicht bewusst. So hörte ich zum Beispiel: „In der Nähe bei uns ist auch ein Züchter, der nächste Woche neue Welpen aus Polen bekommt. Das stand in der Zeitung.“ So etwas erschreckt mich ganz besonders.

Jemand, der Welpen wie eine Ware einkauft, um sie dann mit hohem Gewinn zu verkaufen, ist natürlich kein Züchter, sondern ein Händler. Im geschilderten Fall war es so, dass die Welpen schon mit fünf Wochen bei ihm waren, also die wichtigste Zeit ohne ihre Mutter verbringen mussten (was deshalb auch im Tierschutzgesetzt ausdrücklich verboten ist). Das Thema „Sozialisierung der Welpen“ gab es nicht. Es befanden sich dort kein Welpenauslauf und kein Spielzeug für die Kleinen. Auch über Impfungen und Wurmkuren machen sich solche Händler nicht die geringsten Gedanken. Ebenfalls nicht über Abstammungsnachweise! Sie wissen auch nicht, ob es sich bei den Welpen um reinrassige Beagles handelt. Das ist ihnen in der Regel gleichgültig, weil Käufer beim Welpen die Rassenzugehörigkeit nicht beurteilen können. Und zur Not gibt es ja Formulare, die aussehen wie Ahnentafeln. So mancher Mensch bereute den Kauf bei einem Händler spätestens beim Blick auf die nachfolgenden Tierarztrechnungen.

Was macht einen guten Züchter aus?

In einer echten Ahnentafel aber sieht der Käufer geprüfte Ahnen des Welpen, die nachweislich existieren. Von Händlern und Vermehrern hebt sich ein Beaglezüchter durch folgenden Werdegang ab. Bevor sich ein seriöser Beaglezüchter überhaupt auf seinen ersten Wurf, bei dem alle Welpennamen mit dem Buchstaben A beginnen, freuen kann, lernt er erst einmal für die Züchterprüfung: über Genetik, geeignete Verpaarungen, über artgerechte Haltung, Betreuung der trächtigen Hündin, über die Geburt und optimale Welpenaufzucht. Er liest viel, besucht Seminare und unterhält sich mit Tierärzten. Er macht sich Gedanken, welche Hündin er in die Zucht nimmt, muss sie mehrfach auf Ausstellungen von verschiedenen Richtern beurteilen lassen, um die Zuchtzulassung zu erlangen. Nicht jeder Beagle ist korrekt genug für die Zucht. Und schließlich sucht er den geeigneten Rüden aus. Auch das ist nicht so einfach. Es geht dabei nicht nur um Äußerlichkeiten, sondern vor allem und ganz entscheidend um die genetische Verbindung. Die muss passen, denn die Welpen sollen vor allem gesund sein.

Während der Trächtigkeit sind Hündinnen sensibler, stehen im Rudel für diese Zeit höher im Rang, sind anhänglicher. Sie brauchen eine besondere Betreuung. Ein paar Tage vor der Geburt sind mehrere kurze Spaziergänge am Tag angesagt, damit die Hündin genug Bewegung bekommt und die Geburt dadurch günstig beeinflusst wird. Setzt die Geburtsphase ein, bedeutet das oft mindestens eine schlaflose Nacht, ist aber für gute Züchter selbstverständlich. Wenn endlich der komplette Wurf da ist, muss er rund um die Uhr betreut werden. Die Polyesterdecken in der Wurfkiste müssen jeden Tag wiederholt gewechselt werden, damit Mutter und Welpen sauber und trocken liegen. Die Waschmaschine läuft wochenlang ohne Pause. Frisches Wasser und erstes Futter bringt der Züchter zur Kiste, weil die Hündin in den ersten Stunden ihre Welpen nicht verlassen will.

Drei Wochen blieb die kleine Familie hier bei mir im Wohnzimmer und keine der anderen Hündinnen störte diese innige Gemeinschaft. Sie hielten immer respektvollen Abstand. Mit elf, zwölf Tagen öffneten die Kleinen die Augen, mit etwa 18 Tagen die Ohren. Sie fingen an, ihre Umwelt bewusst wahrzunehmen und konnten am 20. Tag ins „Kinderzimmer" nach nebenan umziehen. Hier befand sich ein großzügiger Welpenauslauf, dick ausgelegt mit Einstreu und eine kuschelige Schlafkiste für Mutter und Kinder. Die Mutter hatte weiter Zugang zu uns, der Menschenfamilie, und zu ihren Welpen, wann immer sie mochte. Es war ein tolles Erlebnis, wenn bei uns ein Wurf da war, aber es bedeutete auch viel körperlichen Einsatz und oft nicht mehr als vier Stunden Schlaf.

Zuchtwarte empfehlenswerter Vereine kontrollieren nach dem Wurf, ob es allen erwachsenen Hunden und den Welpen gut geht, ob sie richtig untergebracht sind, der Pflegezustand in Ordnung ist, ob sie richtig gefüttert werden und vom Wesen her okay sind. Sie untersuchen die Welpen auf zuchtausschließende Fehler hin und schreiben einen Wurfabnahmebericht, den auch der Käufer bekommt. Auch der Tierarzt sieht sich genau Mutter und Welpen an und untersucht die Kleinen gründlich vor der ersten Impfung. Ich bemühte mich auch, die Welpen früh an Umwelt- und Haushaltsgeräusche zu gewöhnen.

Außerdem entstehen guten Züchtern einige Kosten. Eine Hündin muss zunächst die Zuchttauglichkeit auf mehreren Ausstellungen nachweisen. Dafür fallen Meldegeld, Fahrt- und oft auch Hotelkosten an.

Der Tierarzt untersucht den Hund bevor er in die Zucht geht, röntgt auf Hüftgelenksdysplasie (HD) und macht einen genetischen Test. Danach schickt er all das an einen Gutachter. Der Züchter zahlt für Aufnahmen und Gutachten. Das Futter muss hochwertig und abwechslungsreich sein. Gute Polyesterfelle für mehrere Hunde und die Welpenkisten werden reichlich eingekauft. Ständige Pflege, auch der Hunde, die schon aus der Zucht ausgeschieden sind (spätestens ab dem 8. Geburtstag), mit Wurm- und Flohmitteln, tierärztlichen Untersuchungen und Impfungen sind selbstverständlich. Die Clubkosten wie Mitgliedsbeiträge, Kauf von Zuchtbüchern und Computerdateien, Kontrolle durch Zuchtwarte, Ahnentafeln und Wurfabnahmen fallen an. Die Hündin, die gedeckt werden soll, wird vor dem Deckakt vom Tierarzt auf Bakterien hin untersucht. Er macht während der Hitze auch Progesterontests, damit die Hündin zum richtigen Zeitpunkt dem Deckrüden zugeführt werden kann. Die meisten infrage kommenden Rüden wohnen nicht nebenan. Bei uns war es so, dass mein Mann sich drei bis vier Tage Urlaub nahm, sobald der Tierarzt die Decktage bestimmen konnte, und mit der Hündin losfuhr. Manchmal betrug eine Fahrt nur eine Stunde, manchmal auch vier oder mehr Stunden. Je nach Strecke, musste ein Zimmer gemietet werden. Es gab auch Situationen, wo die Hündin den Rüden ablehnte oder umgekehrt und Plan B zum Tragen kam. Also wieder einsteigen und zum nächsten infrage kommenden Rüden fahren. Die zeitlichen Absprachen zwischen Züchter und Deckrüdenbesitzer funktionierten erfreulicherweise problemlos. Es fallen normalerweise zwei Decktage an. Der Rüdenbesitzer erhält die Decktaxe.

Während der Trächtigkeit lässt der Züchter eine Ultraschallaufnahme machen, um sicherzugehen, dass es sich nicht um eine Einfrüchtigkeit handelt, die bei der Geburt zu Problemen führen kann. Ein Welpenraum mit Tageslicht, gut wischbaren Böden, Heizung und Belüftung, einer gemütlichen Schlafkiste und großem Welpenauslauf wird eingerichtet. Welpenspielzeug (muss ab und zu ersetzt werden), Welpenschüsseln, Welpenmilch und Waage werden angeschafft. Der Züchter besorgt hochwertige, staubarme Einstreu, die mehrmals am Tag im Welpenauslauf gewechselt wird, und mancher, je nach Region, zahlt auch für die Entsorgung nicht wenig. Die Betreuung der Käufer ein Hundeleben lang gehört auch dazu: Telefonate, mehrmalige Besuche, Hilfe bei der Suche nach einer geeigneten Hundeschule mit Welpengruppe, Zwingertreffen (Ein Zuchthaushalt wird Zwinger genannt; warum auch immer?!) und vieles mehr; ebenso die Rücknahme und Neuvermittlung eines Beagles, wenn es wegen Krankheit, Scheidung oder anderer Schicksalsschläge notwendig wird. Natürlich nimmt der Züchter auch einen seiner Kleinen zurück, wenn die Familie nicht mehr „will", sich vor dem Kauf nicht sorgfältig genug Gedanken gemacht hat. Trotz Besuchen und Telefonaten, bei denen der Züchter die Interessenten kennenlernt und gründlich über Vor- und Nachteile der Rasse informiert, passiert auch das leider manchmal.

Dass bei einem solchen Aufwand der Welpenpreis höher liegt, ist eigentlich einleuchtend. Und keiner sollte vergessen, mit wieviel Liebe und Einsatz sich ein engagierter, seriöser Züchter um seine Welpen kümmert und sie auf die Zukunft vorbereitet.

Welpenvermittlung, Kaufvertrag

Um einen guten Hund zu bekommen, informieren Sie sich bitte genau. Lassen Sie sich Zeit. Wenden Sie sich an die Welpenvermittlungen der Clubs. Sie erhalten von dort eine Liste mit Züchtern aus Deutschland, die zurzeit Welpen haben oder binnen kurzer Zeit erwarten. Wenden Sie sich ruhig an verschiedene Züchter, um Besuchstermine zu vereinbaren. Schauen Sie sich um und vergleichen Sie. Wie laufen die Hunde auf die Züchterfamilie zu? Leben die Hunde immer *mitten* in der Familie, auch nachts? Achten Sie besonders auf das Stimmungsbarometer Rute beim Beagle. Ist sie wedelnd oben? Notieren Sie sich vorher Ihre Fragen und nehmen Sie sich Zeit für Ihren Besuch. Ein guter Züchter hat dafür nicht nur Verständnis, sondern erwartet das von Interessenten. Es zeigt ihm, dass Sie sich Gedanken machen und es für Sie nicht eine vorübergehende Laune ist.

Aber auch er wird Ihnen viele Fragen stellen, damit er sichergehen kann, dass sein Welpe zu dem passenden Besitzer kommt. Richten Sie sich auf längere Wartezeiten ein, denn das Interesse an Beaglewelpen ist groß. Es kann sein, dass der Wurf schon vergeben ist und sie auf den nächsten warten müssen. Aber das lohnt sich, wenn Ihnen die Gespräche und die Aufzuchtbedingungen zusagen. Wie gesagt: Sie treffen eine wichtige Entscheidung für eine sehr lange Zeit!

Stimmen Sie rechtzeitig mit dem Züchter einige Dinge ab, damit es später, eventuell erst bei der Welpenübernahme, nicht zu ärgerlichen Überraschungen kommt. Einige Züchter verkaufen vielversprechende

Hündinnen nur dann, wenn der Käufer einen Vertrag mit Zuchtmiete unterschreibt. Das heißt, der Käufer verpflichtet sich, dem Züchter die Hündin für einen oder mehrere Würfe zu überlassen, falls sie die Zuchttauglichkeit erlangt. Das bedeutet zunächst, dass die Hündin einige Male ausgestellt werden muss. Wollen Sie zu Ausstellungen mit ihr fahren? Wer übernimmt die Kosten dafür?

Ab dem 30. Tag nach dem Deckakt bis zur Wurfabnahme lebt Ihre Hündin dann beim Züchter und nicht in ihrer gewohnten, vertrauten Umgebung. Es geht hier nicht um eine kurze Trennung, sondern um mindestens 13 Wochen. Möchten Sie das?

Ich habe einmal eine Zuchtmiete versucht. Ich dachte damals, dass eine Hündin, die bei mir geboren wurde, hier aufwuchs und Mutter und Tanten während ihrer Trächtigkeit und Geburt um sich hatte, sich hier schnell wieder integrieren würde. Doch ich musste feststellen, dass sich diese Hündin in ihrer besonders sensiblen Phase der Trächtigkeit nach Ihrer Familie sehnte und psychisch unter der Trennung litt – trotz meiner liebevollen Fürsorge. Für mich war dadurch klar: So etwas mache ich nie wieder. Gerade in trächtigem Zustand und bei einer Geburt braucht eine Hündin dringend ihre vertraute Umgebung, ihre Familie.

Falls ein Züchter, so wie ich, feststellt, dass die Hündin sich nicht „beaglewohl“ fühlt, kann er dem nur abhelfen, wenn er harte Strafen des Clubs auf sich nimmt. Die Zuchtordnungen besagen, dass die Hündin nur bei einem qualifizierten Züchter in der zweiten Hälfte der Trächtigkeit und bei der Geburt und Aufzucht der Welpen leben darf. Die Besitzerin der Hündin konnte damals nicht für so lange Zeit zu uns kommen und ihrer Hündin Gesellschaft leisten. Sie wohnte über 400 Kilometer weit weg und musste sich um ihre Kinder kümmern. Da wir beide aber nicht mit dem Elend leben wollten, ging die Hündin nach Hause und ich musste mich den harten Strafen der Zuchtordnung beugen. Es mag vielleicht funktionieren, wenn der Besitzer nebenan wohnt.

Sagen Sie dem Züchter, dass Sie den Kaufvertrag einige Zeit vor der Abholung durchlesen möchten, damit Sie genau wissen, was Sie erwartet. Bei der Abholung schauen Käufer doch einzig und allein nach ihrem Welpen und wollen sich an diesem so bedeutsamen, glücklichen Tag nicht mit juristischen Dingen auseinander setzen. Machen Sie mit dem Züchter ferner aus, dass er Sie benachrichtigt, falls ein Fehler beim Welpen sichtbar wird. Wahrscheinlich wird es Sie gar nicht stören, wenn der Welpe zum Beispiel ein nicht ganz korrektes Gebiss besitzt. Den Hund stört es in der Regel auch nicht, aber er entspricht mit diesem Mangel nicht mehr dem Zuchtstandard. Außerdem kann es passieren, dass Zahnfehlstellungen nach dem Zahnwechsel gravierender werden und eine längere Behandlung notwendig wird. Operationen können auf

Ihren Hund auch zukommen, wenn er von Ektropium (Auswärtsdrehung des unteren Lidrandes, offenes Auge), Entropium (Einstülpung des Lidrandes), Nabel- oder Leistenbruch oder nicht abgestiegenen Hoden betroffen ist. Wird eine Kostenbeteiligung vereinbart?

Ich rief in dem Fall den Käufer an, teilte ihm den Mangel mit, sagte ihm, dass der Hund damit nie zu Ausstellungen kann und besprach mit ihm, inwieweit der Hund, wenn überhaupt, durch den Fehler beeinträchtigt sein könnte und was dann zu tun sei. Innerhalb von zwei Tagen erwartete ich den Rückruf, ob der Käufer zurücktreten wollte oder ob er damit leben konnte. Natürlich sinkt bei einem Welpen der Kaufpreis, wenn er einen Mangel aufweist.

Jagdliche Anlagenzucht

Häufig wurde ich gefragt, ob meine Welpen aus „jagdlicher Anlagezucht" stammen. Verneinte ich es, glaubten die Käufer, dass diese Welpen einen wenig ausgeprägten Jagdinstinkt besaßen. Sie wirkten erleichtert. Diese Illusion zerstörte ich sofort. Ich hatte ganz einfach aus verschiedenen Gründen nicht den Wunsch gehabt, mit jeder Hündin eine Spurlautprüfung zu absolvieren. Nur deshalb bekamen einige Welpen keine jagdlichen Papiere von geprüften Eltern. So etwas heißt aber nicht, dass Vater und Mutter ihre brillanten, jagdlichen Gene bei der Verpaarung zurückhalten.

Farben, Temperament

Lassen Sie sich beim Aussuchen Ihres Welpen nicht durch die momentane Farbe verunsichern. Sie verändert sich in Kürze. Es gibt dreifarbige (tricolour: braun, schwarz, weiß oder braun, blau, weiß) und zweifarbige (bicolour: tan-white, red-white, lemon-white) Beagles. Der Beagle weist ein großes Farbspektrum auf. Bei den dreifarbigen Welpen sind Kopf, Nacken, Ohren, Schultern und Oberschenkel der Hinterhand oft noch schwarz. Die braune Färbung an diesen Stellen entwickelt sich zusehends in den kommenden Wochen. Zweifarbige Welpen sehen erstmal sehr hell aus, aber die roten oder hellbraunen Fellstellen dunkeln in einigen Wochen intensiv nach.

Kommt Ihr Traumwelpe nicht sofort auf Sie zugesprungen? Das muss nicht heißen, dass er weniger Temperament besitzt als die anderen. Vielleicht tobte er vor Ihrem Besuch zu viel, ist nun bei Ihrer Ankunft gerade furchtbar müde. Für Sie sieht es dann so aus, als sei mit dem Kleinen etwas nicht in Ordnung. Lassen Sie ihn ein bis zwei Stunden ausschlafen und sich erholen. Nutzen Sie die Zeit, um mit dem Züchter Ihre Fragen zu besprechen oder gehen Sie mit einem der erwachsenen Beagles spazieren. Danach gehen Sie wieder zu den Welpen und werden feststellen, dass auch Ihr Held nun einen lebhaften Eindruck und begeistert Jagd auf Ihre Schnürsenkel oder Hosenbeine macht.

Der Züchter wird Ihnen natürlich mitteilen, welcher der Kleinen ruhiger oder agiler, neugieriger oder verhaltener ist. Beziehen Sie seine Meinung in Ihre Entscheidung mit ein, hören Sie aber auch auf Ihr Bauchgefühl. Beobachten Sie die Welpen einige Zeit. Gefallen werden sie Ihnen alle, aber ein Gesichtchen lässt Ihr Herz doch vielleicht ein bisschen höher schlagen.

Ahnentafeln, Inzucht, Linienzucht

Schauen Sie sich die Ahnentafel der Welpen genau an. Finden Sie hier einige gleichlautende Ahnennamen in Vater- und Mutterlinie, erkennen Sie, dass es sich um Inzucht handelt. Einige Züchter werden Ihnen nun erklären, dass sie wertvolle, erfolgreiche Linienzucht betreiben. Das ist aber nur ein geschönter Begriff für Inzucht. Es ist unmöglich, durch Inzucht ausschließlich positive Merkmale zu festigen. In gleichem Maße kann das mit negativen geschehen. Bei Linienzucht spielt das Prinzip Hoffnung eine große Rolle. Im Wurf können also Welpen liegen, die einen Erbfehler tragen, der aber erst beim erwachsenen Hund sichtbar wird. Nicht der Züchter, sondern Sie und Ihr Hund müssen dann mit dem Problem fertig werden. Klar, der Züchter weiß durch Ihre Info dann, welche negativen Gene vorhanden sind und wird sich in Zukunft bei Verpaarungen darauf einstellen. Nur ist Ihnen und dem Hund damit nicht geholfen.

Zu den Folgen von Inzucht zählen auch: Anfälligkeit für Krankheiten, Vitalitätsverlust, Verminderung der Fruchtbarkeit, Verkürzung der Lebenszeit und einiges mehr. Die Vielfältigkeit der Gene geht verloren und damit auch die Vielfältigkeit der Enzyme. Enzyme steuern aber den Stoffwechsel. Fehlt ein Enzym, kann die darauf basierende Stoffwechselreaktion nicht ablaufen. Ein Lebewesen (nicht nur der Hund) ist aber nur imstande, allen Umwelteinflüssen zu trotzen, wenn alle Stoffwechselreaktionen reibungslos funktionieren.

In den Ahnentafeln sehen Sie auch die HD-Werte unter den Namen der Ahnen. Sie können so kontrollieren, ob Eltern und Großeltern des Welpen belastet sind.

Schwarze Schafe auch unter Züchtern

Augen auf – auch bei Züchtern in gut geführten Clubs. Auch hier gibt es schwarze Schafe, die humorlos über die „Kapitalanlage Hund" sinnieren. Allein das Etikett „VDH" (Verband für das Deutsche Hundewesen, der größte Dachverband für Hundezucht in Deutschland) bürgt nicht, wie häufig angenommen, für ungetrübtes Welpenglück.

Es gibt auch außerhalb des VDH gut geführte Clubs mit zahlreichen Züchtern, die mit Herz und Verstand gesegnet sind. Verlassen Sie sich auf Ihr eigenes Urteilsvermögen.

Sind Sie beagletauglich?

Falls ein Züchter Ihnen sagt, er halte Sie für die Rasse Beagle ungeeignet, überdenken Sie in Ruhe seine Einwände. In aller Regel weiß er wovon er spricht. Seien Sie dann froh, wenn er Sie vor einem Fehler bewahren will. Bestimmt gibt es auch für Sie einen anderen Traumhund.

Die „lieben" Vermehrer

Einige Halter, die mit einer Hündin leben, denken leider, ihre Kleine müsse unbedingt einen Wurf im Leben gehabt haben, um glücklich zu sein. Das ist kompletter Unsinn! Sie glauben weiter, Welpen im Haus seien ein herrliches Erlebnis, dass man sich gönnen sollte.

Es ist aber nicht nur herrlich, sondern auch mit viel Arbeit, wenig Schlaf und einigen Kosten verbunden. Gut – der Deckakt kostet nichts, weil man einen netten Beaglerüden in der Nachbarschaft hat, der eh jedes Mal auf Hochtouren läuft, wenn die Hündin heiß ist. Der Rüdenbesitzer gönnt es seinem Prachtkerl kostenlos und gerne. Hier fehlen aber oft wichtige Voraussetzungen, um diese Idee erfolgreich umzusetzen. Es bedarf guter Kenntnisse über die Fütterung der Hündin während der Trächtigkeit und Aufzuchtzeit, über den Ablauf der Geburt, Probleme, die bei der Geburt auftreten können und die Bedürfnisse und Entwicklung der Welpen. Hierbei können schon so viele Dinge schief laufen, dass der Welpe ein Leben lang darunter zu leiden hat. Natürlich gibt es auch bei Einmalwürfen Menschen, die sich gründliche Kenntnisse im

Vorfeld angeeignet haben und auf alles Wichtige achten. Ausnahmen bestätigen bekanntlich die Regel.

Ob die Verpaarung passt oder ob Inzucht vorliegt, wird der Käufer ebenso nicht erfahren. Auch Hundeomas und –opas können schlechte, krankmachende Gene tragen und an Enkel vererben. Es sind keine geprüften Ahnen da. Überlegen Sie also sehr gut, ob Sie sich auf diese Geschichte einlassen wollen.

Trennung nach acht Wochen
Warum?

Die Instinkte aller Hunde gehen auf das Wolfserbe zurück. So auch das Verhalten der Mutter den Welpen gegenüber. Bei Wolfsmüttern wie bei heutigen Hundemüttern findet von der fünften bis zur achten Woche spielerische Erziehung statt. Benimmt sich ein Welpe zu dreist den Geschwistern gegenüber, hört zum Beispiel nicht auf, in den Bauch des Bruders zu beißen, obwohl der sich lauthals beklagt, greift sie ein und bringt ihn zur Räson. Er muss schnellstens lernen, keinen echten Schaden bei Artgenossen anzurichten. Die Laute des Unterworfenen muss er richtig einschätzen und akzeptieren können.

Legte ich einen großen Pappkarton auf die Wiese und die Welpen trauten sich zunächst nicht daran, ging die Mutter zu ihnen und führte sie vertrauensvoll an das Furcht einflößende Ding. Sie biss in den Karton und schob ihn hin und her. So sahen die Welpen, dass keine Gefahr drohte und gingen mutig darauf zu. Zusehends vermittelte ihnen die Mutter mehr Sicherheit in Bezug auf die Umwelt, so dass die Kleinen immer mehr wagten.

Nach diesen acht Wochen hat eine Hundemutter ihren Teil der Erziehung erledigt und überlässt die Welpen dem Hundevater. Sie bereitet sie gut auf die Veränderung, die Trennung vor. In einem Wolfsrudel übernimmt nun der Vater die alleinige Anleitung und Ausbildung für den Ernst des Lebens. Durch ihn lernen sie, was Zusammenarbeit bedeutet.

Kommt genau zu diesem Zeitpunkt der neue Besitzer, um seinen Welpen zu holen, kann er all die Aufgaben des Vaterrüden übernehmen. Der Welpe wird zu diesem Zeitpunkt nicht unter der Trennung von seiner Mutter leiden, weil ihm sein Instinkt sagt, dass jetzt der richtige Zeitpunkt für den Wechsel gekommen ist. Der Mutter geht es ebenso.

Der neue Halter erhält damit die große Chance, seinen jungen Vierbeiner entsprechend zu prägen, denn der ist eben gerade jetzt lernbegierig und erwartungsvoll. Die 8. – 12. Woche ist die wichtigste Sozialisierungsphase. Das wird in vielen guten Büchern von Ethologen (Verhaltensforschern) unmissverständlich betont.

Findet nun aber, trotz der guten Vorbereitung der Kleinen keine Übergabe statt, übernimmt die Hundemutter die Aufgaben des Vaterrüden und bindet ihre Welpen durch diese Lehr- und Lernzeit stark an sich. Folgt einer der Kleinen nicht, ruft sie ihn härter zur Ordnung als in den Wochen vorher. Schließlich muss er lernen, dass Gruppenbildung und Disziplin zum Erhalt der Art, des Rudels vonnöten sind. In dieser Zeit nimmt sie sich öfter einzelne Welpen für den Unterricht vor und übt mit ihnen rennen, Haken schlagen, Hindernissen ausweichen, Angriff und Abwehr. Manchmal versteckt sie sich in einem dichten Busch und feiert mit dem Welpen, der sie findet, das Erfolgserlebnis. Kondition, Selbstsicherheit und Bindung werden nach und nach aufgebaut und gefestigt.

Kommt die Trennung erst in der zwölften Woche oder noch später auf Mutter und Kinder zu, ist es für beide eine kritische Situation. Eine starke innere Verbundenheit wird unterbrochen.

Vorfreude

Vorbereitungen und Anschaffungen

Gehen Sie davon aus, dass Ihr neuer Hausgenosse zunächst mit einem wohl nie enden wollenden Forschertrieb ausgestattet ist. Alles wird erst einmal untersucht und wenn möglich hineingebissen. Schützen Sie ganz besonders frei liegende Kabel. In Baumärkten bekommen Sie bissfeste Kabelschächte, die einen wirklich guten Zweck erfüllen.

Haben Sie (offene) Treppen im oder am Haus? Ein Babygitter oder ein gut befestigtes Brett bewahren den Welpen schlimmstenfalls vor einem Sturz bis in den Keller. Ein Hund soll im ersten Lebensjahr sowieso nicht über Treppen laufen. Ein Beagle ist zwar sehr, sehr selten vom HD-Problem betroffen, aber auch bei ihm wie bei jedem jungen Hund müssen sich die Schultern erst festigen, sonst dreht er die Ellbogen aus, wird locker in den Schultern und läuft vorne o-beinig. Denken Sie daran, dass manches Treppengeländer so schön gearbeitet ist, dass die pure Neugier dazu verleitet, mal eben schnell den kleinen Kopf hindurchzustecken. Und wie geht's zurück? Zurechtgeschnittene Stoff- oder Kunststoffbahnen verhindern dies.

Nicht alles ist überall ebenerdig. Wie kommt er auf die Terrasse und dann in den Garten? Bauen Sie ihm, dort wo es nötig erscheint, kleine, schräge Laufhilfen ein. Glastüren im Haus sind schick, der Zusammenstoß damit eher schmerzhaft. Einige kontrastreiche Klebestreifen in Augenhöhe des Welpen signalisieren ihm: Vorsicht – ein Hindernis! Er lernt es fürs Leben.

Dinge, an denen Ihr Herz besonders hängt, gute Bücher, teure Teppiche, Brillen, antike Bodenvasen, Kinderspielzeug oder Schuhe, verwahren Sie in den nächsten Monaten besser „beaglesicher". Auch Putzmittel, Medikamente, Schaumgummi, scharfkantige Gegenstände, Nylonstrümpfe, kleine Teile, die er verschlucken kann – dies alles muss für ihn außer Reichweite sein. Natürlich soll er auch lernen, Dinge, die für ihn absolut tabu sind, zu respektieren. Alles wegzuräumen ist auf Dauer nicht sinnvoll. Ermahnungen sollten sich jedoch in Grenzen halten.

Giftpflanzen

Erkundigen Sie sich bei einem sachverständigen Gärtner oder Ihrem Tierarzt über mögliche Giftpflanzen in Haus und Garten. Auch das Internet hilft mit wertvollen Hinweisen hierzu weiter.
www.vetpharm.unizh.ch/giftf.htm
Ich habe leidvolle Erfahrungen mit Kriechwacholder, Eibe und Thuja gemacht. Natürlich kann man den über Jahre schön gewachsenen Garten nicht auf einmal total neu bepflanzen. Ich zäunte die betreffenden Pflanzen mit engmaschigem Draht ab, so dass die Welpen sie nicht probieren konnten. Meine erwachsenen Beagles kauten nicht daran. Wahrscheinlich bildet sich irgendwann nach dem 6./7. Monat der Instinkt dafür aus.

Beaglesicherer Garten

So es nicht ohnehin schon geschehen ist, zäunen Sie Ihren Garten vor der Abholung dicht ein. Vergessen Sie dabei nicht, dass die meisten Beagles gerne buddeln. Also auch nach unten hin keine Möglichkeit zum Durchkommen lassen. Ein oben offener Zaun, wie zum Beispiel ein Jägerzaun, muss nicht so hoch sein wie ein oben geschlossener Zaun aus waagerecht verlaufenden Brettern, auf die der Hund beim Sprung seine Pfoten setzen kann. Erkundigen Sie sich beim Bauamt Ihrer Gemeinde, welche Zaunhöhe ohne Bau- und Nachbarschaftsgenehmigung zulässig ist. Eine Höhe von 1,20 bis 1,50 Meter reicht in der Regel aus. Schauen Sie sich Ihren Zaun kritisch an. In den ersten Wochen passt der kleine Beaglekopf bequem hindurch. Hier hilft zusätzlich engmaschiger Draht für eine kurze Zeit.

Verfallen Sie nicht auf die Idee, den Garten mit einem Strom führenden Draht/Weidezaun abzugrenzen. Der Beagle rennt auf jeden Fall dagegen und bekommt den Stromschlag als Nasenstüber. Er lernt aber leider nicht daraus, dass er nicht weglaufen soll, sondern verbindet den Schmerz mit dem, was er gerade sieht. Das können ein spielendes Kind oder die vorbei spazierenden Nachbarn sein. Wollen Sie, dass er künftig Schmerz mit diesen Personen verbindet? Nein – Er soll in Zukunft die Nachbarn freundlich begrüßen und keine Angst vor Kindern haben.

Notwendige Anschaffungen

Nun zu den notwendigen Anschaffungen vor der Abholung. Ich empfehle einen Klappkäfig in der Größe von etwa 75 x 54 x 61 cm. Stören Sie sich nicht an der Größe. Am ersten Tag wirkt der Welpe sicher etwas verloren in seinem großen Heim, aber das ändert sich schnell. Diese wirklich sinnvolle Investition ist überaus hilfreich für die Sauberkeitserziehung während der Nacht, ist Schlaf-, Rückzugs- und Ruheplatz, ist für den Hund der sicherste Platz im Auto und wird in Hotels gerne gesehen. Ich tendiere mehr zum Käfig als zu blickdichten Boxen. Hier bei mir gingen schon unsere Welpen mit sechs Wochen gerne zum Mittagsschlaf hinein. Sie fühlten sich darin geschützt, konnten aber dennoch alles beobachten.

Dieser Käfig war bei mir Zuhause tagsüber niemals geschlossen, so dass sich erwachsene und junge Beagles, wann immer sie wollten, dort hineinkuscheln konnten. Ein gern besuchter Platz! Kaufen Sie ein apartes Körbchen, müssen Sie damit rechnen, dass der Beagle es zerlegt.

Der Beagle soll es auch bequem haben, oder? Legen Sie in den Käfig vorzugsweise 2 Polyesterdecken, zum Beispiel Vetbeds. Diese sind gut waschbar, trocknergeeignet, hygienisch und ungeziefersicher. Sie halten den Beaglezähnen stand, sind fast unverwüstlich. All diese Voraussetzungen erfüllen Omas abgelegte Decken nicht, denn sie sind gewöhnlich aus Naturfasern und würden Parasiten gut beherbergen. Ich legte ein großes Vetbed in den Käfig und darauf ein kleineres zum Wühlen. Beagles formen sich damit gerne ein gemütliches Kopfkissen.

Zwei Näpfe braucht Ihr Hund, für Futter und für Wasser. Edelstahlnäpfe sind hygienischer und besser zu reinigen als solche aus Kunststoff. Der Wassernapf steht dem Beagle immer zur Verfügung. *Mehrmals am Tag* wird er mit einem Schwamm gereinigt und mit frischem Leitungswasser gefüllt. Den Futternapf stellen Sie für nur etwa 15 Minuten während der Mahlzeiten vor den Hund hin. Diese Zeit reicht für die Fütterung aus. Rührt er das Futter nicht an, ist er zu satt oder verwöhnt. Das gilt für den Welpen wie auch für den erwachsenen Hund.

Sprechen Sie mit dem Züchter ab, ob Sie Brustgeschirr und Leine besorgen sollen oder ob er das für Sie erledigt. Ich kaufte beides zur 6. Lebenswoche der Welpen ein und gewöhnte sie mehrmals täglich daran. Damit war es bei der Abholung nichts Ungewohntes für die Welpen.

Falls Sie es kaufen sollen, nehmen Sie ein Nylon-Brustgeschirr mit dem Umfang von 40-50 cm. Hierbei achten Sie unbedingt darauf, dass Sie ein SUCHGESCHIRR und kein Erziehungsgeschirr nehmen. Beim Tragen eines Erziehungsgeschirrs leidet der Hund unter den Achselhöhlen Schmerzen. Beim Suchgeschirr werden die seitlichen, flachen Riemen um den Brustkorb geführt und werden auf der Mitte des Rückens befestigt. Rennt der Hund einmal mit vollem Schwung in die Leine, was immer mal passieren kann, so müssen Sie dabei nicht befürchten, dass die Halswirbel – wie bei Halsbändern – leiden und Atemnot eintritt. Der Druckpunkt liegt dann nicht am Hals, sondern an der vorderen Brustpartie. Auch für einige Übungen (s. Kap. Erziehung – Leinenführigkeit) ist ein Brustgeschirr besser geeignet als ein Halsband. Nehmen Sie Nylon statt Leder. Kunststoff ist preisgünstiger und pflegeleichter. Leder ist pflegeintensiv, teurer und kann nach ein, zwei Jahren reißen. Die Brustgeschirre meiner Hunde kaufte ich in doppelter Anzahl, damit ich die verschmutzten in die Waschmaschine packen konnte. Nicht nur Beagles wälzen sich unterwegs gerne mal in Gülle oder ähnlich duftenden Sachen, wo danach die Wäsche in der Maschine wesentlich praktischer und angenehmer ist, als die Handreinigung. Für die ersten Wochen reicht eine leichte Leine (z.B. Kordelleine) von zirka 3 m Länge. Ab dem 6. Monat verwendete ich eine 8-m-Rollleine.

Falls Ihr Hund verlorengeht

Am Brustgeschirr hängen Sie eine Adresshülse mit Ihrer Adresse und Telefonnummer an, falls Ihr Liebling abhanden kommen sollte. Neben der Hülse trugen meine Hunde die Plakette von TASSO (s. Adressen hinten). Diese Organisation arbeitet für alle Hilfesuchenden kostenlos bei Suche und Rückvermittlung vermisster Tiere.

Sie haben die Möglichkeit, Ihren Hund beim Tierarzt chippen zu lassen, falls das beim Züchter noch nicht passiert ist. Der Chip, auch Transponder genannt, wird schmerzfrei in die linke Nackenseite implantiert. Es geht so schnell wie eine Impfung. Falls ein entlaufener Beagle gefunden wird, können Tierärzte und Tierheime mit Lesegeräten die Identifikationsnummer abrufen, das Zentralregister informieren und so den Besitzer finden.

Futter, Spielzeug

Klären Sie vorher – viele Welpenübergaben finden am Wochenende statt – mit dem Züchter, ob und für wie viele Tage er Ihnen Futter mitgibt. Der Welpe muss auf jeden Fall das gleiche Futter wie beim Züchter bekommen. Er erhält beim Züchter ein genau auf ihn abgestimmtes Futter. Bleiben Sie dabei!

Eine Futterumstellung auf eine andere Sorte bringt bei einem Welpen die Darmflora durcheinander und Sie müssen schneller als gewünscht zum Tierarzt. Fragen Sie Ihren Züchter nach einem detaillierten Futterplan mit genauen Mengenangaben.

Meine Welpen fütterte ich mit hochwertigem Trockenfutter, gab aber bei einer von drei Mahlzeiten am Tag stattdessen entweder Quark mit geriebenem Apfel plus Imkerhonig oder kurz angewärmten Hüttenkäse oder warmes, rohes Tartar oder gekochte Stückchen Geflügelfleisch. Neben den Mahlzeiten gewöhnte ich sie an geschälte, kleine Apfel-, Birnen und Bananenstückchen, geraspelte Möhren vermischt mit etwas Sonnenblumen- oder Distelöl. Manchmal verteilte ich rohes Eigelb über das Trockenfutter, was gerne genommen wurde. Rohes Eiklar gehört nicht in den Hundemagen, weil es zu Verdauungsstörungen führen kann und das Biotin (Vitamin H) vernichtet.

Sie können dem Trockenfutter auch ein wenig gekochtes, zerdrücktes Gemüse zusetzen wie zum Beispiel Spinat oder Bohnen. Bohnen sind roh giftig, aber gekocht verträglich. So ist immer für Abwechslung gesorgt und die Darmflora bildet sich gut aus. Wird ein Beagle früh an all die verschiedenen Nahrungsmittel gewöhnt, frisst er sie auch als erwachsener Hund.

Richten Sie sich keinesfalls nach den Mengenangaben auf Futterbeuteln. Sie sind immer zu hoch. Und kaufen Sie lieber kleine Mengen, 3 bis 5 Kilogramm, ein, damit das Trockenfutter nicht schlecht wird. Sie würden es weder riechen noch sehen können. Erbrechen, Durchfall und Magenschleimhautentzündungen können die Folge sein.

Außerhalb der Mahlzeiten bekommt der Welpe ab und zu einen kleinen Büffelhautknochen, einen kleinen Hundekeks und fettarme Belohnungs-Leckerchen ohne Zucker. Geben Sie die Leckerli winzig zerteilt. Sie sind nur eine kleine Belohnung für guten Gehorsam und ersetzen nicht die Mahlzeiten.

Was Sie für die Pflege Ihres Hundes benötigen, lesen Sie im Kapitel „Rundumversorgung“.

Spielsachen sind unentbehrlich, dürfen aber nicht zu reichlich ausfallen, weil sie sonst schnell uninteressant werden. Das kennen wir von Kindern ja auch. Geeignet sind zum Beispiel Figuren aus festem Kunststoff, die abwaschbar sind. Hunde spielen auch gerne mit Bällen. Für den Beagle dürfen sie nicht zu groß oder zu klein sein. Er soll den Ball in den Fang nehmen können, ihn aber nicht verschlucken. Die Größe von Tennisbällen finde ich optimal. Seien Sie in Sachen Spielzeug auch selbst ein wenig kreativ. Oft sind es einfache, selbst gebastelte Dinge, die Ihren Hund hoch erfreuen. Ein alter Tennissocken, unten ein fester Knoten, ein alter Tennisball hineingestopft und darüber noch ein fester

Knoten, fertig. Das „Ding“ lässt sich gut werfen, springt wie wild durch die Gegend und der Beagle hinterher.

Haftpflichtversicherung

Ich rate dringend zu einer Tierhalterhaftpflichtversicherung. Stellen Sie sich vor, die Leine reißt oder rutscht aus der Hand und Ihr Beagle rennt auf die Straße. Sie sind dann zwar froh, wenn der Autofahrer bremst und Ihr Schnüffler lebt, aber ein anderes Auto fährt voll auf den ersten Wagen auf. Es kommt vielleicht zu schweren Verletzungen der Insassen und zu erheblichen materiellen Schäden. Behandlungskosten, Verdienstausfälle, Werkstattkosten und anderes können eine ungeheure Summe ausmachen. Die Prämie für eine Versicherung ist dann sicher das kleinere Übel.

Der Ernst des Lebens

Hundeschulen mit Welpengruppen

Erkundigen Sie sich frühzeitig nach guten Hundeschulen. Züchter, Tierärzte, andere Hundehalter und das Internet können wertvolle Hinweise geben. Gehen Sie hin, schauen Sie sich dort um und stellen Sie dem Trainingspersonal Ihre Fragen. Die Berufsbezeichnung „Tier- oder Hundetrainer“ ist weder geschützt noch ist sie mit bestimmten Auflagen verbunden. So kann sich jeder, der sich berufen fühlt, das Schild „Hundeschule“ an die Tür hängen. Ich persönlich habe eine Menge schlechter Erfahrungen gemacht. Davor möchte ich Sie bewahren.

Stellen Sie folgende Fragen, wenn Sie sich eine Welpengruppe aussuchen:

- Bieten Sie Welpenspieltage an?
- In welcher Gruppengröße?
  (Ein Trainer sollte nicht mehr als <u>maximal</u> 6 Welpen aufmerksam betreuen)
- Wie alt sind die Hunde in der Welpengruppe?
  (Zwischen 8 und 18 Wochen alte Hunde gehören in diese Gruppe. Von der 16., spätestens 18. Woche an folgt die Junghundgruppe)
- Wie oft und wie lang findet der Unterricht statt?
  (In der Regel 1x pro Woche. Zwischen den Unterrichtstagen machen Sie <u>täglich</u> die „Hausaufgaben“ mit Ihrem Welpen)
- Mit welchen Methoden zur Korrektur wird gearbeitet?
  (Über Motivation und Lob oder mit Druck und Strafe? Kommen in der Ausbildung Stachel- oder Würgehalsbänder zum Einsatz und/oder wird mit Elektroschock über das Hundehalsband gearbeitet, dann suchen Sie sich eine bessere Schule. <u>Elektroreizgeräte</u>: Der VDH-Vorstand hat am 26. April 2002 folgenden Beschluss gefasst: Die Anwendung von Elektroreizgeräten – einschließlich des Verbringens und Anlegen solcher Geräte sowie entsprechende Attrappen – ist auf Übungsplätzen und Ausbildungsgeländen von VDH-Mitgliedsvereinen untersagt (was auch im Tierschutzgesetz festgeschrieben ist). Ich empfinde diese Schockbehandlung als schlimme Tierquälerei.

Die Stromschläge erhält der Hund an den äußerst empfindlichen Gehörgängen, weil das Halsband entsprechend angelegt wird, und erleidet dabei heftigste Schmerzen)

- Ordnen Sie die Welpengruppen nach Temperament?
  (Ein kollektives „Drauf auf Schwächere“ muss vermieden werden. Schlechte Erfahrungen durch Mobbing darf ein Welpe nicht machen, da er dadurch unkonzentriert und ängstlich wird)
- Was genau und wieviel wird mir an Theorie vermittelt?
  (In Schulen mit hohem Anspruch werden Seminare zu Themen über hundliche Verhaltensweisen angeboten, damit die Besitzer ihren Hund verstehen lernen, nicht menschliche Gedanken und Gefühle bei ihm voraussetzen und Ausdrucksverhalten, also Instinkte ihres Hundes einschätzen lernen. Das halte ich persönlich für äußerst wichtig, denn die meisten Hundehalter, die ich kennengelernt habe, unterstellen ihren Vierbeinern ständig menschliche Gedanken und sind deshalb nicht in der Lage, Erziehungsfehler zu vermeiden oder ihren Hund zu verstehen. Finde ich sehr, sehr schade für die Hunde)
- Bieten Sie Kurse zu jeder Jahreszeit an?
  (Kommt ein Welpe im November zu Ihnen und kann erst im Frühjahr in die Schule, ist die so wichtige Lernphase verpasst. Prägungsphase 8. bis 16. Woche! Versierte Schulen bieten durchgehend Kurse an)
- Welche Erfahrungen haben Sie mit der Rasse Beagle?
  (Es wäre schön, könnte der Trainer den besonderen Jagdtrieb beim Beagle beurteilen. Er sollte nicht von Sturheit reden und alle Rassen über einen Kamm schären. Vergewissern Sie sich, dass er die Selbständigkeit in Bezug auf den Jagdtrieb kennt, respektiert und damit umgehen kann. Sollte er Ihnen einreden wollen, dass er diesen Jagdtrieb ausmerzt, dass Abhauen in Zukunft verhindern kann, hat er nicht die leiseste Ahnung)
- Ist der Übungsplatz hundertprozentig sicher eingezäunt?

Über eine Übung, die in vielen Hundeschulen praktiziert wird, muss ich mich sehr kritisch äußern. Es hat sich für mich und einige meiner Welpenkäufer gezeigt, dass diese Übung beim Beagle nicht greift. Dem Beagle soll das Herankommen auf Pfiff oder Ruf beigebracht werden. Er soll lernen, auf Richtungswechsel des Besitzers zu achten. Dafür wird ihm am Brustgeschirr ein langes Seil befestigt, 10 bis 20 Meter lang, das auf dem Boden schleift. Dem Hund soll damit Zugriff des Besitzers signalisiert werden. Es soll ihm zu viel Selbstsicherheit zum Ausbüchsen genommen werden. Der Halter geht neben dem letzten Drittel des

Seils, um notfalls mit den Füßen darauf zu springen, falls sein Beagle nicht auf Kommando zurückkommt. Nachdem drei meiner Welpenkäufer diese Übung versucht hatten, es aber vollständig schief ging, bin ich heute dagegen. Es mag bei vielen Hunderassen fruchten, weil sie ein anderes Ausdrucksverhalten besitzen als der Beagle und der Mensch immer rechtzeitig erkennen kann: „Gleich geht er auf die Jagd.“ Andere Jagdhunde stehen erst ruhig und ziehen ein Vorderbein angewinkelt hoch oder schnüffeln besonders aufgeregt an einer Stelle, bevor sie auf die Spur gehen. Da kann der Hund natürlich rechtzeitig angeleint werden. Aber beim Beagle sieht man es meistens nicht, hat man diesen wichtigen Augenblick nicht. Er geht nicht, wie viele andere Jagdhunde, erst in die Ausbildung, um zu lernen, seine Nase richtig einzusetzen. Er kann das von sich aus, hält seine Nase immerzu am Boden und schnüffelt mehr oder weniger intensiv. Dieses Verhalten beim Schnüffeln wechselt oft und bedeutet nicht immer, dass er eine Wildspur hat. Es kann sich hier genauso gut nur um ein weggeworfenes Papiertaschentuch handeln, das er auffressen möchte. Sie können Ihren Beagle noch so gut studieren, an seinem Ausdrucksverhalten kurz vor der Jagd sehen Sie nicht rechtzeitig, dass er durchstarten wird. Unglücklicherweise wird in vielen Hundeschulen pauschal mit allen Jagdhunden auf gleiche Weise gearbeitet.

Zurück zu meinen Welpenkäufern. Alle wurden von ihren Trainern gut vorbereitet, auf Anzeichen für das Aufnehmen einer Fährte zu achten und liefen neben dem Seil aufmerksam her. Cooper, ein Sohn meiner Tracy schnüffelte auf dem Spaziergang am Waldrand stets fieberhaft umher. Die Besitzer waren, wie in der Hundeschule gelernt, ständig auf dem Sprung. Als er plötzlich ausbrach, gelang es ihnen tatsächlich in letzter Sekunde auf das Ende des Seils zu springen. Aber das Seil rutschte unter den Rillen der Schuhsohlen hindurch. Vielleicht, aber wirklich nur vielleicht, klappt das Ausbremsen auf Asphalt, doch die meisten Wege, auf denen man mit den Naturburschen läuft, sind weich. Cooper verschwand auf der Stelle mit dem langen Seil im Wald, war nach ein paar Sekunden nicht mehr zu sehen. Hören konnten sie ihn noch, aber der Spurlaut (hoher, lockerer, anhaltender Bellton beim Verfolgen einer Fährte) wurde schnell leiser und war bald gar nicht mehr zu hören. Erst am nächsten Vormittag (!) wurde er gefunden. Die Besitzer hatten Nachbarn und Freunde auf die weitere Suche mitgenommen, damit ein Großteil des Waldes durchforstet werden konnte. Das lange Seil hatte sich im Gestrüpp verfangen. Cooper war daraufhin wohl ein paar Mal im Kreis gelaufen und hatte sich immer enger an einen Baumstamm gebunden. Als er sich nicht mehr bewegen konnte, gab er aus lauter Angst auch keinen Ton mehr von sich und war dadurch nur schwer zu finden. Gott sei Dank gaben die suchenden Menschen auch nach vielen Stunden nicht auf und fanden ihn.

Bei den anderen zwei Beagles lief es glimpflicher ab, weil sie sich „nur“ im Maisfeld verheddert hatten und schnell gefunden wurden. Sie hatten auch Glück, dass sie dort nicht auf Wildschweine trafen, die sich häufig in Maisfeldern laben. Alle Besitzer ließen von Stund an die Finger von dieser Übung. Ich traf vor diesen Ereignissen auch auf einen Trainer, der mir diese Übung ans Herz legte und übte auf diese Weise mit meiner überaus passionierten Jägerin Tracy, allerdings nicht im Wald, sondern auf den großen, weiten, überschaubaren Wiesen im Park Fuldaaue. Auch mir gelang es nicht, dass Seil zu stoppen, aber gemeinsam mit Mann und Tochter fingen wir Tracy wieder ein. Dann nahm ich das Ende des Seils in die Hand, so dass es mittig durchhang und über den Boden schleifte. Tracy kam auf Ruf und fing an, auf meine Richtungswechsel zu achten. Nach 6 Monaten glaubte ich, sie hätte es kapiert und entfernte das Seil. Großer Fehler! Sie wusste sofort, dass ich keinen Zugriff mehr hatte. Beagles sind sehr intelligent. Sie suchte sich eine nette Fährte und verschwand. Kein Rufen konnte sie aufhalten. Ich erkannte aber bald, dass es nichts mit Ungehorsam oder falsch verstandener Ausbildung zu tun hatte, sondern dass sie während der Jagdphase einfach nicht in der Lage war, mir zu gehorchen. Ihre Spurkonzentration war vollständig. Sie verstand eher nicht, dass ihre Menschenmeute nicht mit ihr gemeinsam, wie sich das für eine ordentliche Meute gehört, der Fährte nachging.

Natürlich gibt es auch Beagles, die weniger jagdlich ambitioniert sind. Ein Misserfolg der Zucht, wenn man so will, aber für Besitzer nervenschonender. Meine Becky kam in jedem Alter immer freudig auf Ruf zu mir zurück. Bei ihr lohnte sich das Training und sie konnte frei laufen bis ins hohe Alter.

Stellte ich bei meinen anderen Beagles, etwa während der Pubertät, trotz Intensivtraining die starke Jagdleidenschaft fest, blieben sie von da an auf Ausflügen an der 8-m-Rollleine. An dieser konnten sie nach rechts und links, nach vorne und hinten laufen, konnten überall schnüffeln und auch auf andere, mir bekannte Hunde zulaufen. Stressfreie Spaziergänge waren für mich von nun an angesagt!

Toben mit anderen Hunden ist darüber hinaus dann nur auf sicher eingezäunten Geländen möglich. Übrigens wird ohnehin in den meisten Hundeschulen dafür trainiert, dass sich der frei laufende Hund nie mehr als 10 bis allerhöchstens 20 Meter vom Besitzer entfernt, damit er durch größere Distanz nicht in Versuchung gerät, eigene Wege zu gehen. Da frage ich mich: „Was soll das?“ Das ist doch kein Freilaufen. Lief Becky ohne Leine, war sie oft 100 oder 200 Meter von mir entfernt und rannte temperamentvoll hin und her, nahm die Natur ringsherum begeistert in sich auf. Ich brauchte nur zu rufen oder einen Arm gerade in die Luft strecken und zu winken, wenn sie in meine Richtung sah und sie kam dann in demselben Tempo stürmisch auf mich zu. Da macht freies Laufen Sinn. Sie war immer ausgetobt, glücklich und schnarchte schnell nach solchen Spaziergängen Zuhause zufrieden vor sich hin. Solch richtiges Auspowern wäre auf 10 bis 20 m kaum möglich.

Es ist soweit - Der Abholtag

Die Rückfahrt mit dem Welpen

Holen Sie Ihren Welpen möglichst am Vormittag ab, damit er im neuen Zuhause vor dem Schlafengehen viel Zeit zum Erkunden seiner neuen Umgebung hat. Wo wohnt der Züchter? Sind es 50, 150 oder mehr Kilometer Autofahrt? Einem Menschen macht das kaum etwas aus, aber der Welpe fährt zum ersten Mal längere Zeit im Auto. Planen Sie bei der Rückfahrt Pausen ein. Nehmen Sie einen Napf und eine Flasche Trinkwasser für ihn mit. Weiterhin empfehle ich mitzunehmen: einige wasserdichte Unterlagen, zum Beispiel Babybetteinlagen oder Patientenunterlagen aus der Humanmedizin (planen Sie das Wechseln ein), zwei kleine Vetbeds, eine Küchenrolle und ein feuchtes Tuch nebst Beutel, falls dem Welpen die Fahrt nicht so gut bekommt und er vor Aufregung erbrechen muss.

Vom Züchter erhalten Sie die Papiere: Ahnentafel, Wurfabnahmebericht, Impfpass, Futterplan für die nächsten Tage, Wochen und Monate und das wichtige „Schnuffeltuch“, das nach des Welpen Hundefamilie riecht. Fahren Sie auf jeden Fall zu zweit, weil auf der Rückfahrt einer in Ruhe fahren und der andere sich um den Welpen kümmern kann. Legen Sie sich als Beifahrer die wasserdichte Unterlage, darüber das Vetbed auf den Schoß, worauf sie den Welpen betten. Dann bekommt er das Schnuffeltuch dazu. Auf dieser ersten und für ihn so wichtigen Reise gehört er nicht in einen Autokäfig. Die Trennung von den Geschwistern, auch ein bisschen von der Mutter und der gewohnten Umgebung setzt ihm zu und dann muss er nicht auch noch sofort von seinem neuen Rudel isoliert werden. Er muss Ihre Wärme und Zuneigung spüren. Zunächst wird er unruhig reagieren, sich aber bald auf dem Schoß einrollen. Reden Sie leise und ruhig mit ihm und kraulen sie ihn, bis er einschläft.

Falls er unterwegs fiept, halten Sie so bald wie möglich an und gehen mit ihm angeleint auf eine Wiese, damit er sein Geschäft machen kann. Ab heute haben Sie als verantwortungsbewusster Mensch auch immer Kottüten parat, um die Hinterlassenschaften Ihres Hundes zu beseitigen. In den meisten Städten und Gemeinden werden Sie an Spazierwegen Behälter mit kostenlosen Tüten finden. Ziehen Sie sich dort immer ein paar mehr, um gewappnet zu sein. Sie stülpen sich die Tüte über die

Hand, nehmen das Häufchen auf, ziehen die Tüte dann über den Kot und knoten diese zu. Ein Abfallkorb lässt sich normalerweise bald finden.

Bei mir lernten Welpen schon früh, dass See und Häufchen ausschließlich auf Naturboden gehören und nicht auf die Terrasse. Bringen Sie dem Welpen das von Anfang an bei. Später haben Sie dann einen Hund, der auch in Wohngebieten nicht auf Gehwege macht, sondern anhält, bis er den ersten Grasstreifen erreicht. Lassen Sie ihm bei der Lösepause Zeit. Er wird erst herumschnüffeln, denn alles ist neu und interessant. Geben Sie ihm zu trinken, bevor Sie weiterfahren. Fressen kann er später in Ruhe Zuhause.

Ankunft und erste Erziehung

Bei der Ankunft lassen Sie ihn am besten zuerst in den beaglesicheren Garten und nehmen das Brustgeschirr ab. „Angezogen“ wird er nur zum Spaziergang, damit das Fell nicht geschädigt wird. Jetzt kann er sich im Garten frei bewegen, alles abschnüffeln und sich auf der Wiese lösen. Setzt er sich, um einen See zu machen, dann passen Sie gut auf, damit Sie den richtigen Zeitpunkt fürs Lob zu erwischen. Ab heute haben Sie immer winzige Stückchen Leckerchen in der Hosentasche, um richtiges Verhalten direkt zu loben und zu belohnen. Dazu gehört auch der See im Garten. Loben müssen Sie *genau* in dem Moment, wenn der Welpe nach vollbrachter Tat im Aufstehen begriffen ist und nicht erst dann, wenn er auf Sie zuläuft. In dem Fall würde er das Lob mit dem Herankommen verbinden, nicht mit seinem See. Fürs Lob heben Sie die Stimme an und sprechen in normaler Lautstärke freundlich: „Fein, …Name.“ (In Zukunft setze ich für Ansprachen einfach „Becky“ ein.)

Beim Tadeln muss Ihre Stimme dunkler und etwas lauter klingen. Das kleine Leckerchen bekommt er mit dem Lob gleichzeitig. Glauben Sie nicht, Sie könnten mit der Erziehung auch noch morgen oder übermorgen beginnen. Die Sauberkeitserziehung wie auch zwei, drei andere Anleitungen müssen Sie sofort, von der ersten Stunde an, mit Nachdruck verfolgen.

Spielen Sie ein bisschen mit dem Welpen. Ziehen Sie ein Seil hinter sich her oder bewegen Sie ein Quietschtier auf dem Boden und lassen Sie ihn das fangen. Veranstalten Sie aber noch kein Tauziehen mit ihm. Das Milchgebiss verträgt das nicht. Es käme zu Zahnfehlstellungen. Anschließend gehen Sie mit ihm ins Haus. Jetzt soll er auch hier auf Patrouille gehen, alles erforschen und beschnüffeln. Sicher wird er schon bald ziemlich geschafft sein und sich freuen, wenn er seinen offenen Käfig mit den Polyesterdecken und dem Schnuffeltuch entdeckt.

Legt er sich dort hinein und schläft ein, lassen Sie ihn in Ruhe. Wichtig! Er wird nicht im Käfig gestreichelt! Sagen Sie das bitte auch Kindern. Ein Hund, der schläft, wird nicht gestört und im Käfig sowieso nie, denn es ist sein Ruhe- und Rückzugsort.

Wacht der Kleine auf, setzen Sie ihn sofort wieder auf die Wiese, denn er muss und die Sauberkeitserziehung geht weiter. Wieder unbedingt auf den exakten Augenblick zum Loben und Belohnen achten. Hinterher will er sicher wieder spielen. Ein Beagle besitzt eine Menge Temperament, auch schon ein Welpe. Er fordert seinen Besitzer. Also toben und rennen Sie mit ihm durch den Garten oder das Wohnzimmer. Vielleicht haben Sie das Glück und können einen jungen Nachbarhund in Ihren Garten holen, damit der Welpe schnell wieder Hundekontakt hat. Wie Hunde miteinander toben, ist einfach herrlich und nicht durch Menschen zu ersetzen. Aber bitte sonst keine Besucher. Kämen mehrere fremde Hunde und/oder Menschen, wäre Ihr Kleiner total überfordert. Lassen Sie ihm die erste Woche Zeit zum Eingewöhnen.

Nicht trösten!

Durch neue, unbekannte Geräusche schreckt der Welpe möglicherweise anfangs zusammen. Auch wenn er an den Staubsauger des Züchters gewöhnt wurde, hört es sich bei ihrem Gerät sicher anders an. Das Allerschlimmste, was Sie dann tun können, ist, ihn zu trösten. Das gilt auch für die lange Folgezeit. Macht er mit Ihnen seinen ersten Stadtbummel, wird er hier und da immer mal zusammenzucken. Ignorieren Sie das völlig. Sprechen Sie dann nicht mit ihm. Benehmen Sie sich, als wäre gar nichts weiter los. Dann wird er schnell merken: „Ich muss mir keine Sorgen machen, alles ist in Ordnung. Herrchen/Frauchen regt sich auch nicht auf.“ Fangen Sie aber an, ihn zu trösten, nehmen ihn womöglich auch noch schützend auf den Arm, kommt große Unsicherheit bei ihm auf. Sie signalisieren ihm, dass die Situation besonderer Aufmerksamkeit bedarf und alles andere als normal ist. So fördern Sie auf drastische Weise seine Unsicherheit und werden schon nach kurzer Zeit einen schreckhaften, ängstlichen Hund haben.

Ablenken

Knabbert er schon am ersten Tag am Tischbein oder beginnt er, die Couch anzunagen, dann legen Sie ihm die Hand vor die Brust, schieben ihn konsequent zurück und sagen hart: „Nein!“ Beim Tadeln lassen Sie seinen Namen weg. Geht er dennoch wieder daran, tadeln Sie noch einmal auf die gleiche Weise. Hilft auch das nichts, nehmen Sie ihn am Nackenfell hoch und es kommt dabei nochmals ein sehr klares, hartes „Nein". Beim Griff ins Nackenfell bitte nie, nie, nie schütteln (s. Kap. Erziehung/Strafen). Nehmen Sie ihn dann auf den Arm und gehen mit ihm an einen anderen Ort, um mit ihm zu spielen. Ablenken ist bei Welpen oft eine gute Entscheidung. Ein Welpe darf nicht fortwährend ausgeschimpft werden.

Die erste Nacht

Der Beagle ist, wie gesagt, durch und durch ein Meutehund. Deshalb wird er auch nachts nicht allein gelassen. Denken Sie daran, er hat heute seine Hundefamilie und sein Terrain verloren.

Den Klappkäfig stellen Sie vor Ihrem Bett auf, wenn Sie schlafen gehen wollen, damit er nachts Ihren Atem hört. Vor der Nachtruhe geht er natürlich noch einmal auf die Wiese, bekommt Lob und Lecker und wird danach direkt in den gemütlichen Käfig mit Schnuffeltuch gelegt. Jetzt wird die Käfigtür fest geschlossen. Lassen Sie den Käfig auf, würde er nachts umherwandern und Sie morgens von einem See in den nächsten tapsen. Die Sauberkeitserziehung wäre dahin.

Es kann sein, dass er anfangs im Käfig fiept. Bisher schlief er noch nie allein, sondern legte seinen Kopf immer eng an seine Geschwister oder die Mutter. Reden Sie noch kurz mit ihm, monoton und leise. Was Sie ihm erzählen, ist egal. Er versteht es eh nicht. Aber diese kleine Gute-Nacht-Geschichte wirkt oft Wunder. In den ersten zwei, drei Wochen kann es sein, dass er nachts noch raus muss. Bei geschlossener Käfigtür wird er sich durch Fiepen melden. Er möchte seinen Schlafplatz nicht beschmutzen. Es bleibt Ihnen nicht viel Zeit, denn er muss sofort und meldet sich erst, wenn er es nicht mehr aushalten kann. Also schnell ab nach draußen. Den Welpen auf den Arm, seine Rute legen Sie ihm zwischen die Hinterläufe und los geht's. Die Rute ist in der Stellung gut aufgehoben, da es kaum einen Hund gibt, der sie beschmutzen will.

Es ist alles nur eine Frage der Organisation. Viele meiner Welpenkäufer schliefen anfangs im Jogginganzug und zwar dort, von wo aus der Weg in den Garten in allzu lang war. Sind Sie zu langsam, kann es durchaus passieren, dass der Welpe schon fertig ist, während Sie gerade in die Hose schlüpfen. Kein Grund, um jetzt mit dem Kleinen zu schimpfen, denn er meldete sich ja rechtzeitig.

Auch im Jogginganzug befinden sich immer Leckerchen, denn Sie haben in diesem Moment einfach nicht die Zeit, erst irgendwo welche zu besorgen. Und wie gesagt, draußen gibt es *sofort* beim Aufstehen des Welpen Lob und Leckerchen. Das kapiert ein verfressener Beagle schnell – und verfressen sind Meutehunde.

Der Käfig steht nicht unter einem offenen Fenster und ist keinem Durchzug ausgesetzt. Legen Sie keine Matratze aus dem Zoohandel hinein, die er nicht zurechtwühlen, aber auseinandernehmen kann.

Unfälle vermeiden

Vermeiden Sie vom ersten Tag an schmerzhafte Unfälle: das Zufallen einer Tür und die Rute ist eingeklemmt, das Herabstürzen des Welpen vom Schoß oder von der Couch. In der Küche ist die Spülmaschine, neben dem Kühlschrank und Mülleimer, der größte Anziehungspunkt. Die offene Klappe der Maschine, vorne im Korb scharfe Messer und spitze Gabeln und dahinter die vom Beagle so begehrten Teller mit leckeren Resten. Ruck zuck, um nichts zu verpassen, springt er auf die Klappe, um sich auf die Teller zu stürzen und gerät mit dem Gesicht ins gefährliche Besteck. Beagles sind echt suizidgefährdet, wenn es um Fressbares geht.

Gerade im Welpenalter können sie fast alles gebrauchen. Lag da links nicht die Gartenschere? Irrtum – jetzt liegt sie 2 m weiter rechts und der Hund kaut genüsslich auf den Kunststoffgriffen herum. Unbeaufsichtigte Zangen, Schraubendreher und Sägen sind für ihn ebenso interessant wie Beutel mit Kunstdünger, Schrauben, Nägel und Dübel. Er könnte sie verschlucken und daran sterben. Gewöhnen Sie sich daran: Ein Auge auf den Hund, ein Auge für die Arbeit.

Wasser und Futter

Vom ersten Tag an stellen Sie einen Wassernapf für den Welpen immer in erreichbare Nähe. Wechseln Sie das Wasser zwei- bis dreimal am Tag, damit er frisches trinken kann. Füllen Sie nicht nur Wasser nach, sondern reinigen Sie den Napf jedes Mal vor der neuen Füllung mit einem Schwamm, damit der hineingelangte Speichel sich nicht ins frische Wasser überträgt. Der Futternapf wird nur zu den Mahlzeiten hingestellt. Auf dem Futterplan stehen die gewohnten Zeiten, aber Ihr Welpe passt sich schnell Ihrem Tagesablauf an.

Am ersten Tag kann es sein, dass er noch nicht alles frisst oder gar nichts mag. Dann lassen sie ihn und stellen es nach einer Viertelstunde wieder weg, bis zur nächsten Mahlzeit. Sollte er aber auch am nächsten

Morgen nicht fressen, können Sie eine Messerspitze ungeräucherte Kalbsleberwurst ins Trockenfutter kneten. Allerdings wird er sein Futter nicht anrühren, wenn er zwischendurch zu viele Leckerchen und Hundekekse bekommen hat. Mischen Sie dem Trockenfutter köstlich gebratene Fleischhappen unter, wird er diese heraussuchen und den Rest ignorieren. Da er sich aber im Aufbau befindet, braucht er vor allem sein gut zusammengesetztes Welpenfutter.

Anfängliches Kratzen

In den ersten Tagen nach Welpenabgaben bekam ich Anrufe, weil die Familien sich Sorgen um Parasiten bei dem Kleinen machten. Der Welpe kratzte sich häufig. Es gab aber keine Untiere, sondern es war nur ein Zeichen von Unsicherheit. Das kommt nicht oft vor und ist spätestens nach vier Tagen Eingewöhnung vorbei. Nehmen Sie es von daher gelassen.

Das große und das kleine Geschäft

Innerhalb der ersten drei Wochen sollten Sie Ihren Welpen so weit haben, dass er seine Geschäfte nur noch draußen erledigt. Wichtig ist, dass Sie Ihren Hund in dieser Zeit ständig beobachten. Er darf nicht allein Zugang zu allen Räumen haben, sondern nur in Ihrer Begleitung. Durch diese Kontrolle haben Sie bald einen stubenreinen Beagle, der sich im Haus tummeln kann.

Er muss auf jeden Fall immer hinaus auf die Wiese, wenn er ausgeschlafen hat, nach dem Fressen und nach dem Toben. Beginnt er unruhig zu werden, schnüffelt hektisch auf dem Boden herum, dann sucht er sich gerade einen Platz für einen See oder ein Häufchen. Tragen Sie ihn nach draußen, und bleiben Sie bei ihm. Lassen Sie ihn sich seinen Fleck, der ihm für sein Geschäft passend erscheint, suchen. Die Wahl des Ortes ist ihm wichtig. Schränken Sie ihn nicht dabei ein, indem Sie ihn auf eine bestimmte Stelle oder ein Katzenklo festlegen wollen.

Ausscheidungen bedeuten für Hunde Mitteilungen an Artgenossen. Ein selbstbewusster Hund sucht sich den Platz für seine Geschäfte möglichst fern vom Haus in der Nähe des Zaunes, wo er vermutet, dass viele Hunde vorbeikommen. Er teilt denen über seine Duftmarke mit, dass hier sein Territorium ist.

Kommt es aber vor, dass Sie seinen Drang in der Wohnung nicht rechtzeitig bemerkt haben und der See ist schon ein paar Minuten mitten im Zimmer, schimpfen Sie nicht. Es ist bereits zu spät. Der Welpe weiß nicht, warum Sie böse mit ihm sind. Er wird zwar an Ihrer Gemütsverfassung erkennen, dass Sie unzufrieden mit ihm sind, duckt sich, lässt die Rute sinken, versucht gut Wetter zu machen, verknüpft es aber nicht mit seinem Geschäft. Tragen Sie ihn in ein anderes Zimmer und schließen Sie kurz die Tür. Putzen Sie die verunreinigte Stelle nicht im Beisein des Welpen sauber, denn für ihn stellt es sich dann anders dar: „Oh, Herrchen interessiert sich sehr für meinen kleinen Teich, also muss ich hierhin machen." Und sagen Sie nicht: „Es passiert ja nur einmal am Tag." Auch dann kommt er zu dem Schluss, dass er innerhalb der Wohnung ruhig ab und zu urinieren darf. Die konsequente Sauberkeitserziehung funktioniert nur dann, wenn er 100%ig kein einziges Mal in die Wohnung macht. Sobald es Ausnahmen gibt, müssen Sie statt mit ein paar Tagen mit vielen, vielen Wochen rechnen, um ihn sauber zu bekommen. Also aufmerksam beobachten und nichts verpassen.

Reagieren Sie anders, wenn Sie gerade sehen, dass er sich zum Geschäft in der Stube niederlässt. In dieser Situation greifen Sie sofort ein. Sie heben ihn hoch, unterbrechen sein Vorhaben, was ihm äußerst unangenehm ist, sagen beim Hochheben barsch „Nein“ und bringen ihn schnell nach draußen.

Es gibt leider Hundehalter, die nicht wollen, dass ihr Hund in den Garten macht. Machen Sie sich keine Sorgen. Es ist ja nur beim jungen Hund so. Ist er erwachsen und wird drei Mal täglich ausgeführt, erledigt sich das von allein. Er wird lieber anhalten und seine Düfte auf Spaziergängen verteilen.

Beobachten Sie ihn sehr genau, wenn er zur Tür läuft, die zum Garten führt. Ein gutes Zeichen! Er hat begriffen, dass er nicht in die Wohnung machen soll. Also öffnen Sie ihm die Tür, gehen mit ihm hinaus. Unter Umständen bellt oder fiept er aber nicht, sondern steht nur abwartend vor der Tür. Es wäre schade, wenn Sie das nicht bemerken würden.

In Hundebüchern aus früheren Zeiten finden Sie den Ratschlag: „Falls der Hund ins Zimmer macht, stupsen Sie ihn mit der Nase ins Geschäft.“ Es wundert mich, wie oft ich von Welpeninteressenten und -besitzern gerade danach gefragt wurde. Alle Experten sind sich heute darüber einig, dass diese Maßnahme Tierquälerei ist und der Hund dabei absolut nichts lernt.

Durchfall

Egal, wie alt Ihr Hund ist, sehen Sie sich seinen Kot stets an. Bei nicht geformten, breiigen oder schleimigen Ausscheidungen ist dem Hund etwas nicht bekommen. Bei Durchfall sofort das Hundefutter absetzen. Mit frischem Karottensaft und geriebenem Apfel können Sie an zwei Tagen versuchen, den Durchfall zu stoppen. Zum Trinken eignet sich schwarzer Tee mit sehr wenig Traubenzucker. Ab und zu lassen Sie ihn eine Salzstange knabbern.

Ich hatte bei starkem Durchfall auch guten Erfolg mit einem Rezept meiner Oma, was sie mir als Kind in solcher Situation verabreichte:

In einer mittelgroßen Tasse lösen Sie 2 Blatt Gelatine in Wasser auf. Dann kochen Sie eine Tasse herben, trocknen Rotwein kurz auf, drücken die Gelatine mit der Hand aus und rühren sie in den Rotwein ein. Keine Angst, der Alkohol ist beim Aufkochen entwichen. 3 bis 4 mal am Tag bekommt der Beagle davon lauwarm 3 Tl eingeflößt. Dieses Rezept funktioniert auch bei Magenschleimhautentzündungen.

Gelingen diese Therapien allerdings nicht, suchen Sie am Ende des zweiten Tages den Tierarzt auf und nehmen eine Kotprobe mit. Handelt es sich um übel riechenden, dünnen Kot, müssen Sie sofort zum Tierarzt. Das gilt auch, wenn Ihr Hund Fieber oder Untertemperatur hat oder sich sein Verhalten stark verändert. Liegt er müde da? Will er nicht spielen? In diesem Fall versuchen Sie nichts ohne Arzt. Viren können im Spiel sein, die eine medizinische Behandlung unbedingt erforderlich machen.

Können Sie den Durchfall stoppen, füttern Sie nicht sofort wieder Hundefutter. Fangen Sie mit Haferflocken, eingeweicht in warmem Wasser, an. Am nächsten Tag gibt es Haferflocken mit ungewürzter Hühnerbrühe. Verträgt der Hund das problemlos, mischen Sie täglich etwas mehr Hundefutter unter die Brühe.

Blut im Stuhl

Ist der Kot normal geformt, weist aber eine rote oder schwarze Färbung auf (Blut im Stuhl), könnte das auf eine Vergiftung hinweisen. Meist erbricht der Hund zusätzlich oder speichelt stark. Schnelle medizinische Hilfe ist erforderlich.

Verstopfung

Setzt der Hund keinen Kot ab, trotzdem er sich bemüht, und der Bauch ist angespannt, liegt eine Verstopfung vor. Haben Sie etwa Knochen gefüttert? Dass ein Hund Knochen braucht, gehört auch zu veralteten Ansichten. Knochen können den Darm schwer verletzen. Hat ein Hund Verstopfung, benimmt sich ansonsten jedoch völlig normal, geben Sie ihm 2 El Dosenmilch verrührt mit einem halben Teelöffel Zucker und 2 El Pflanzenöl. Wirkt dies nicht innerhalb der nächsten 5 Stunden, muss der Tierarzt für Heilung sorgen. Warten Sie bei Verstopfung nie lange, da giftige Darmgase sonst ins Blut übergehen. Ein Kreislaufkollaps wäre die Folge.

Unsicherheit

In den ersten Wochen ist es bei einigen Welpen so, dass sie sich nicht trauen, außerhalb des Grundstücks ihr Geschäft zu erledigen. Sie sind noch zu unsicher, möchten Artgenossen keinen Hinweis auf sich geben.

Setzen Sie Ihren Welpen nicht unter Druck, indem Sie nun immer länger mit ihm spazieren gehen. Das nötige Selbstbewusstsein gewinnt er sowieso im Laufe der Zeit.

Kotfressen

Bei Labrador und Beagle ist das Kotfressen leider ein weit verbreitetes Problem. Sie sind aber nicht krank. Fragen Sie sich jetzt nicht, was dem Hund in seinem Futter fehlt. Das ist es nicht! Er ist einfach nur gierig und instinkttreu. Solange Ihr Hund sein Geschäft noch im Garten erledigt, räumen Sie es sofort weg, damit er es nicht frisst.

Protestpinkeln

Die Sauberkeitserziehung ist geschafft. Das Thema scheint für alle Zeiten erledigt. Plötzlich setzt der Hund sich seelenruhig mitten ins Zimmer, möglichst dahin, wo ihn alle sehen können, und uriniert. Nein, er hat die Stubenreinheit nicht von heute auf morgen verlernt. Hier handelt es sich um Protestpinkeln. Mit irgendetwas wird er nicht fertig. Klären Sie zunächst mit dem Arzt, ob eine Krankheit ausgeschlossen werden kann. Versuchen Sie dann, dem Problem auf die Spur zu kommen.

Es gibt einige Beispiele. In einer Familie war es das Baby und die Besitzer kümmerten sich nun vorrangig um das Neugeborene. Oder wird der Hund mit dem Umzug ins neue Haus nicht fertig? Werden ihm plötzlich Dinge verboten, die er früher immer durfte? Liegen vielleicht Angstneurosen oder Reizüberflutungen vor?

Als Erstes muss das Problem erkannt werden. Schaffen Sie es nicht allein, wenden Sie sich an einen Tierpsychologen, der ins Haus kommt. Es gehört auch eine große Portion Selbstehrlichkeit dazu, den Dingen auf den Grund zu gehen.

Was sagen Ausdünstungen Ihrem Hund?

Gerüche sind das wichtigste Erlebnis im Hundeleben. Begegnen sich Hunde unterwegs, schnuppern sie den Analbereich des Gegenübers gründlich ab. Genauso untersuchen sie jedes Häufchen und die Seen auf Ausflügen. Daraus erfährt der Hund alles über den Artgenossen. Es ist seine Zeitung schlechthin. Lassen Sie sich deshalb Zeit auf Spaziergängen und ihn die Zeitung lesen.

Markieren

Dominante Rüden markieren drinnen und draußen. Draußen kann es Ihnen ja wurscht sein, aber besuchen Sie Bekannte, die Hunde besitzen, so ist es möglich, dass Ihr Macho einige Stellen im Wohnzimmer mit Urintropfen versieht, um zu signalisieren, dass er sich für überlegen hält. Rufen Sie ihn dabei mit harten „Nein“ zur Ordnung, und wenn Sie erkennen, dass er sich gerade Duftstellen aussucht. Es wäre den Gastgebern zu wünschen, dass Sie Ihren Hund richtig einschätzen können. Bei Hündinnen sah ich das Markieren immer nur draußen. Während der Läufigkeit übertreiben sie es gern und markieren alle zwei Meter den Wegesrand nur mit drei Tröpfchen, damit sie möglichst lange was davon haben. Meine Genesis wurde dabei sogar zur Akrobatin. Auf Waldwegen machte sie fast einen Handstand, damit ihr Urin möglichst hoch an Baumstämmen haften blieb. Ihr Duft sollte keinem Verehrer entgehen. An Wiesenrändern der Feldwege wurde nach dem Urinieren gescharrt, was das Zeug hielt, damit sich ihr Duft weit verteilte.

Lernen fürs Leben

- dem Hund ein wahres Bedürfnis

In einem Wildrudel übergibt die Mutter den Welpen mit etwa acht Wochen dem Vater, der von jetzt an für die Erziehung sorgt, ihn aufs Leben vorbereitet und ihm dadurch Sicherheit und Geborgenheit vermittelt. Ab diesem Zeitpunkt ist der Welpe für alles offen. Das Gehirn setzt immer wieder neue Kapazitäten frei, um das Gelernte dauerhaft zu speichern. Diesen Lehrprozess muss nun, in Ermangelung des Hundevaters, der Mensch übernehmen.

Wenn aber der Welpe nicht lernen darf, ihm gar nichts vermittelt wird, bleibt er nicht nur dumm, sondern er langweilt sich, ist frustriert und wird unsicher. Er bekommt seelische Probleme, wird möglicherweise ängstlich oder/und zerstört die Wohnungseinrichtung. Er versteht die Welt nicht mehr. Lernen ist für den Hund selbst äußerst wichtig. Darum sagen Sie bitte nicht: „Er ist ja noch ein Baby." Beginnen Sie am ersten Tag mit seiner Erziehung und bringen Sie ihm schon im ersten Lebensjahr so viel wie möglich bei. Früher hieß es: „Lass den kleinen Hund erst einmal tüchtig seine Kindheit genießen. Er muss jetzt noch nichts lernen." Das Wort „MUSS" habe ich in dem Zusammenhang leider oft von schlecht informierten Menschen gehört. Ich antwortete immer: „Er sollte jetzt, so früh wie möglich, lernen DÜRFEN."

Inzwischen haben Verhaltensforscher oft genug darauf aufmerksam gemacht, dass ein Hund im ersten Lebensjahr 15 Menschenjahre durchmacht und es fatal wäre, diese wichtigen Monate ungenutzt verstreichen zu lassen. Der Hund vermisst das Lernen so sehr, dass er zu seiner inkonsequenten Familie das Vertrauen verliert. Er vermisst sehnsüchtig die Rudelführung. Vielleicht wird er dann „nur" ein besonders ruhiger Beagle, der frustriert und traurig ist. Vielleicht wird er aber auch ein Problemhund für die Familie. Wer seinen Beagle liebt, gibt ihm das, was er braucht, liest viele Bücher aus der Verhaltensforschung, um ihn so gut wie möglich kennenzulernen und zu verstehen. Er gibt seinem Hund viel und nimmt nicht nur. Bieten Sie ihm gutes Training, Intelligenzspiele, klar verständliche Grenzen, spielen und toben, und immer neue, interessante Spaziergänge an, sind Sie ihm dadurch ein vertrauenswürdiger Führer, dem er Respekt und Vertrauen entgegenbringen kann. So wird eine wunderbare Beziehung entstehen.

Konsequenz

Grundlage erfolgreicher Erziehung

Mit inkonsequenten Hundeführern kommt ein Hund nie zurecht, auch ein Beagle nicht. Er würde nicht den so notwendigen Halt im „Rudel" finden. Machen Sie ihm klar, wer das Sagen hat. Führen Sie ihn! Führungsschwächen erkennt der Beagle sofort. Es breitet sich in ihm das Gefühl aus: „Mein Rudel ist führungslos. Kommt jetzt eine Gefahr auf uns zu, ist niemand da auf den ich mich verlassen kann." Das sagen ihm seine Urinstinkte. Dadurch verliert er innerlich Halt, fühlt sich schutzlos und versucht, selbst die Führungsrolle zu übernehmen. Schließlich gibt es in seiner Denke ja keine führungslosen Rudel.

Seine Besitzer reagieren darauf mit Grobheiten oder richten sich total nach seinen Wünschen. Beides ist grundfalsch und kann ihn seelisch ruinieren. Aber wie setzen Sie Konsequenz um? Hier einige Beispiele:

ALLES geht von Ihnen aus – nicht vom Hund. Läuft der Kleine gerade mit einem Spielzeug im Fang auf Sie zu, weil er spielen will, ignorieren Sie das einen Augenblick. Dreht er sich dann weg von Ihnen und lässt das Spielzeug liegen, nehmen Sie es nach zwei Minuten auf und fordern ihn zum Spiel auf. Legt er das Spielzeug nicht ab, nehmen Sie ein anderes und bewegen es auf dem Boden hin und her. Sie fordern zum Spiel auf. Jedes Training und jedes Spiel beginnen und beenden nur Sie allein.

Das Schlappohr liegt bequem und laut schnarchend in Ihrem geliebten Fernsehsessel. Setzen Sie sich nicht woanders hin. Weisen Sie ihn aus dem Chefsessel. Stupsen Sie ihn an und sagen: „Becky, runter." In diesem Fall dürfen Sie ihn auch im Tiefschlaf stören, denn es ist nicht sein Schlafplatz. Es gibt für ihn bestimmt genug lauschige Plätze in der Nähe, auch außerhalb des geliebten Käfigs. Ich legte Vetbeds auf einige Sitzgelegenheiten für meine Hunde. Sie wussten sehr schnell, dass diese - und nur diese - für sie eingerichtet waren.

Laufen Sie niemals hinter Ihrem Vierbeiner her. Sie büßen sofort Respekt ein. Meiner Tracy, der Rudelchefin, wäre es niemals in den Kopf gekommen, einer ihrer Töchter hinterherzurennen. Wurde Fangen gespielt, lief sie an der Spitze. Klaut der junge Hund Ihnen die Brieftasche vom Tisch und rennt damit weg, halten Sie sich zurück, auch wenn es schwerfällt. Stellen Sie Ihre Autorität nie infrage. Lenken Sie ihn ab. Nehmen Sie zum Beispiel eine Papiertüte, setzen sich damit in Sichtweite des Hundes, starren gebannt auf diese super Tüte und knistern damit. Ihre Stimme soll dabei ausdrücken, dass Sie da etwas absolut Tolles haben. Der Hund wird die Brieftasche fallen lassen und neugierig herankommen. Spielen Sie einen Augenblick mit ihm, und er wird seine Beute vergessen.

Wutausbrüche, lautes Geschrei oder sogar Schläge unterlassen Sie auf jeden Fall. Ein Hund kann genauso wenig wie ein Kind solch unkontrolliertes Verhalten einordnen. Es erschreckt den Hund, aber er lernt nichts dabei.

Sie sitzen mit Ihrer Familie beim Essen. Der Beagle hockt neben dem Tisch, schaut einen nach dem anderen rührselig an. Seine Augen sind weit aufgerissen und es bildet sich ein kleiner See unterhalb der Schnauze. Das Wasser läuft ihm buchstäblich im Maul zusammen. Ein Bild des Jammers. Und was passiert? Etwas von dem leckeren Essen fällt hier und da zufällig zu Boden. So trainieren Sie einen Beagle am besten aufs Betteln und gleichzeitig rückt er in seinem Verständnis im Familienrudel nach oben.

Wenn Sie „Nein“ gesagt haben, ist das kein Diskussionsthema zwischen Ihnen und Ihrem Hund. Es bedeutet nicht: „Würdest du das bitte lassen.“ Das hat nichts mit Strafdressur zu tun, aber antiautoritäre Erziehung schadet ihm. Später wird er versuchen, auch bei anderen Menschen seine Vorstellungen durchzusetzen. Und das werden Sie nicht gutheißen können.

Erziehung, so wie der Beagle sie braucht

Jedem meiner Welpenkäufer gab ich den Rat, an einer Welpen- und danach Junghundgruppe mit dem Beagle teilzunehmen. Ich halte das Erlernen der Erziehung für dringend erforderlich. Durch Bücher ist es zwar möglich, eine Vorstellung von Übungen zu bekommen, aber das theoretische Wissen ersetzt nicht die praktische Erfahrung und fachkundige Anleitung. Die Trainer weisen Sie direkt auf Fehler hin und zeigen Ihnen unmittelbar den richtigen Weg.

Der Beagle wurde über 500 Jahre hauptsächlich gezüchtet, um spurlaut Hasenfährten nachzugehen. Das Jagen innerhalb der Meute verlangte von ihm selbständige Entscheidungen. Die Meute „sprach" sich ab, wie das Wild gefunden und aus den Beständen gebracht werden konnte. Dazu brauchte sie keine menschlichen Befehle. Dieses selbständige Verhalten haben wir noch heute beim Beagle. Trotz guter Erziehung trifft er oft seine eigenen Entscheidungen. Ein Beagle wird sich also nie so sicher unterordnen wie ein Schäferhund. Aufgrund der Zucht ist er eben ein völlig anderer Typ Hund. Wenn Sie erwarten, dass das Erlernte für alle Zeiten auf Anhieb klappt, dann entscheiden Sie sich besser nicht für einen Beagle.

Rief ich zum Beispiel einen meiner Hunde aus der Küche heraus, so kam er nicht wie ein geölter Blitz, sondern in Zeitlupe, aber er kam. Der Beagle hat andere Qualitäten, die ihn für mich und viele andere Beagler auf dieser Welt so liebenswert machen. Er ist ein Hund mit ausgeprägtem Charakter und oft zu Späßen aufgelegt. Betrachten Sie Hundeerziehung, die Unterordnung, nie wie Sklaverei. Lernen Sie zu denken, wie ein Hund. Es steht ihm zu, nicht vermenschlicht zu werden. Manche Welpenkäufer sagten mir: „Wir lieben ihn wie ein Kind." Das ist in Ordnung, solange sie ihn nicht wie ein Kind behandeln, sondern auf seine Bedürfnisse als Hund eingehen. Bei der Unterordnung knechten Sie ihn nicht, sondern erfüllen ihm seine Erwartungen. In einem Artgenossenrudel gibt es keine Gleichberechtigung. Jeder hat dort seinen festen Platz und lebt nach eisernen Regeln, damit der Fortbestand des Rudels gesichert bleibt. Diese Harmonie können Sie Ihrem Beagle auch bieten. Wenn Sie ihn wirklich gern haben, dann teilen Sie sein Rudelverständnis. Die Tonalität Ihrer Sprache ist ein wichtiges Element der Erziehung. Reden Sie nie im Kasernenhofton mit ihm. Besser ein leises, prägnant akzentuiertes Kommando als lautstarkes Wortgepolter. Achten

Sie immer darauf, dass *alle* Familienmitglieder stets gleiche Kommandos geben. Die Erziehung darf nur in der Hand eines *erwachsenen* Familienmitglieds liegen. Beherrscht der Hund ein Kommando sicher, kann dies auch ein anderes Familienmitglied übernehmen – aber haargenau.

Der Hund achtet vor allem auf Ihre Körpersprache. Bringen Sie ihm deshalb die richtigen Hör- und Handzeichen bei. Mit unserer Körpersprache vermitteln wir Hunden schnell etwas Falsches. Wenn Sie sich zum Beispiel hastig über einen fremden Hund beugen, um ihn zu streicheln und ihm dabei auch noch in die Augen sehen, wollen Sie eigentlich nur etwas Gutes tun. Möglicherweise lachen Sie ihn auch noch an und zeigen ihm Ihre Zähne. Vom Hund aus gesehen, drücken Sie damit einen Angriff aus. Schnappt er dann zu, reagiert er wie ein normaler Hund, wird aber als aggressiv abgestempelt.

Ein Beagle verzeiht solche menschlichen Fehler, da ihm ein überaus gutmütiges Wesen zu eigen ist. Achten Sie trotzdem auf Ihre Körpersprache, damit er Sie besser versteht. Trainieren Sie nicht immer mit ihm am gleichen Platz, sonst verbindet er den Gehorsam nur mit diesem Ort. Wechseln Sie ab zwischen Wohnräumen, Garten und Feldwegen.

Bei allen Kommandos, die Sie üben, ist Blickkontakt zwischen Ihnen und Ihrem Beagle wichtig. Ist er unaufmerksam, wird er nichts lernen. Machen Sie sich am Anfang jeder Übung interessant für ihn, damit er Sie ansieht. Erst dann geht es los. Überlegen Sie unbedingt vor jeder Übung genau, wie Sie diese angehen werden und wie Sie reagieren wollen, wenn es nicht so klappt. Reden Sie kurz und verständliche Worte, nie salbungsvolle Sätze. Damit überfordern Sie ihn. Wichtig ist auch, dass Sie jeden Tag trainieren. 15 bis 30 Minuten zweimal täglich reichen aus. Diese Zeiten wird Ihr Beagle bald lieben, denn es bedeutet für ihn Zusammenarbeit und Bindung aufbauen. Endet eine Übung negativ, müssen Sie noch eine machen, die der Hund auf jeden Fall beherrscht. Jede Trainingseinheit muss positiv enden.

Strafen

So wenig wie möglich! Unerwünschtes Verhalten können Sie bisweilen auch umlenken, ohne zu strafen. Sah ich, dass ein Welpe auf einen Schubladengriff zusteuerte, um ihn anzuknabbern, lenkte ich ihn mit einem Spiel ab. Läuft die Erziehung ruhig, hundgerecht und regelmäßig ab, reicht Tadel durch ein überzeugendes „Nein“ voll aus, manchmal auch ein einfaches Beiseiteschieben.

Das Im-Genick-Schütteln wird leider noch in einigen Büchern empfohlen. Diese Autoren haben meiner Meinung nach noch nie eine Mutterhündin mit ihren Welpen beobachtet. Schütteln wenden Hunde beim Töten einer Beute an und gefährden damit nicht ihre Nachzucht.

Der Schnauzgriff (mit der Hand von oben fest über den Fang greifen, wobei Daumen und Mittelfinger die Lefzen gegen die Zähne drücken) verbunden mit energischem „Nein“ ist für Hunde gut verständlich. Knurrte ein Welpe oder Junghund mich an, benutzte ich diesen Griff. Diese Respektlosigkeit ließ ich mir auf keinen Fall bieten.

Knurrt Sie Ihr erwachsener Hund an, bewerten Sie dieses als äußerste Dreistigkeit. Greifen Sie sofort energisch durch. Noch wenn der Knurrton ertönt, zögern Sie keinen Augenblick. Packen Sie rechts und links fest ins Halsfell und ziehen den Hund zu sich ran. Die Hinterläufe bleiben dabei auf dem Boden, die Vorderbeine befinden sich kurz über dem Boden. Starren Sie fest in seine Augen und reden Sie unfreundlich und dunkel mit ihm. Versucht Ihr Hund, den Augenkontakt zu unterbrechen, zwingen Sie ihn weiter dazu. Er muss klar erkennen, dass er zu weit gegangen ist und Sie dieses Verhalten auf keinen Fall dulden. Lässt er die Vorderpfoten nun hängen, erkennen Sie, dass er aufgibt. Lassen Sie ihn dann los und gehen Sie weg. Nach zwei, drei Minuten gehen Sie wieder zu ihm und fordern ihn zum Spiel auf. Unversöhnlichkeit gibt es im Verständnis des Beagles nicht.

Solange er aber mit den Vorderpfoten versucht, an Ihre Arme zu kommen, um den Halsgriff loszuwerden, bleiben Sie in der festen Drohstellung. Dieses arge Zurechtweisen wenden Sie aber bitte wirklich nur bei erwachsenen Beagles an und nur bei außergewöhnlich grobem Ungehorsam. Haben Sie Angst, Ihren knurrenden oder fletschenden Hund so zu greifen? In dem Fall schaffen Sie sich besser keinen Hund an.

Schnappen, „Nein“, „Aus“

Der Welpe sieht das Kissen am Couchrand liegen, rennt hin und zieht es hinunter. Sie sagen sofort in diesem Augenblick „Nein“. Doch er ist plötzlich völlig taub und will seine Beute wegschleppen. Mit der einen Hand packen Sie schnell nach dem Kissen und greifen mit der anderen Hand von oben fest über den Fang mit dem Befehl „Aus“. Lässt der Kleine aus, wird er hoch gelobt. Jetzt spielen Sie kurz mit ihm, bevor er auf den Gedanken kommt, sich erneut das Kissen zu holen. Lässt er aber beim „Aus“ nicht los, müssen Sie fester zupacken, bis er loslässt. Er muss es sofort lernen und nicht irgendwann.

Ihr Welpe lernte in den letzten Wochen bei seinen Geschwistern, sich mit den Zähnen durchzusetzen. Dabei lernte er aber auch, wie weit er ohne Schaden anzurichten gehen kann. Die Beißhemmung wurde geübt, und die Hundemutter achtete darauf, dass alle dies verinnerlichten. Beim Menschen weiß der Kleine noch nicht so genau, wie weit er gehen kann. Menschliche Haut ist empfindlicher als dickes Fell. Dass muss er erst noch lernen. Will er bei Ihnen irgendetwas durchsetzen, wird er seine Zähne einsetzen. Wohlgemerkt: Er beißt Sie nicht, sondern schnappt nur nach Ihnen, wie er es bei den Geschwistern tat. Das hat nichts mit Aggressivität zu tun. Schrecken Sie in diesem Fall nicht vor ihm zurück.

Schnappt der Welpe in Ihre Hand, wenden Sie den Schnauzgriff an. Bei einigen Welpen hatte ich sofort Erfolg, wenn ich mit der Hand, in die sie gerade schnappten, den Unterkiefer einfach ein paar Sekunden festhielt. Das war ihnen so unangenehm, dass sie es kein zweites Mal probierten.

Erklären Sie bitte Kindern, dass sie nicht vor dem Welpen oder Junghund herrennen sollen. Für den Hund ist das geradezu eine Aufforderung, das Kind in die Hacken zu schnappen. Ein Beutespiel eben. Lassen Sie kleine Kinder nicht mit jungen Hunden allein. Leiten Sie Ihr Kind an, wie es sich dem Hund gegenüber verhalten muss. Kinder sind in ihrer naiven Art ungewollt oft rücksichtslos und grob. Der Hund schnappt dann, um das Kind zurechtzuweisen. Gibt das Kind nicht auf, wird er fester zuschnappen, um es erneut zur Ordnung zu rufen. Das hat nichts mit Beißwut zu tun. Er will nicht verletzen, nur ermahnen. Sagen Sie dem Kind auch, dass es auf keinen Fall Erziehungsübungen mit dem kleinen Beagle machen darf. Das funktioniert nicht, weil das Kind für den Hund allerhöchstens Spielpartner und noch beschützenswert ist.

Bis zum 5. Monat muss das Thema Schnappen endgültig abgeschlossen sein. Sonst nimmt Ihr Hund Sie offensichtlich nicht ernst. Fehler korrigieren kostet immer mehr Zeit, als alles von Anfang an richtig anzugehen.

„Sitz“

Viele Male am Tag setzt der Hund sich von ganz allein hin. Beobachten Sie ihn und sagen genau in diesem Moment: „Becky, sitz.“ Dabei verwenden Sie das Körpersignal: erhobener Zeigefinger der rechten Hand. Der Beagle sitzt, wird gelobt und belohnt. Achten Sie darauf, dass er den Befehl nicht von sich aus wieder aufhebt. Sagen Sie ihm: „Jetzt lauf.“ Erst dann darf er aufstehen. Ein Welpe bleibt zunächst nur ganz kurz sitzen. Deshalb lösen Sie den Befehl rasch wieder auf. Steht er aber doch von allein auf, bringen Sie ihn sofort wieder ins „Sitz“ und lösen zügig den Befehl auf.

„Platz“

Beherrscht der Welpe das „Sitz“ fehlerlos, geht es zur nächsten Übung, dem „Platz“. Sie bringen ihn ins „Sitz“, gehen seitlich von ihm in die Hocke, legen ihm die linke Handfläche vor der Rute auf den Rücken und halten ihn im „Sitz“. Mit der rechten Hand halten Sie ihm ein winziges Stück Käse oder gekochtes Rinderherz vor die Nase, aber so weit weg, dass er es nicht fressen kann. Bewegen Sie das Leckerchen in Richtung Boden. Er wird interessiert mit der Nase folgen. Auf dem Boden ziehen Sie es ein wenig von ihm weg. Nun wird er wahrscheinlich versuchen, aufzustehen, aber das gelingt ihm nicht, da Sie ihn ja festhalten. Das fabelhafte Leckerchen kann er nur bekommen, indem er sich lang hinlegt. Genau zu diesem Zeitpunkt sagen Sie „Becky, Platz“. Befindet er sich im „Platz“, bekommt er sofort Ihre überschäumende Freude zu hören und die leckere Belohnung. Denken Sie daran, den Befehl wieder aufzuheben: „Becky, auf“. Ihr Hund soll nicht entscheiden, wann es genug ist.

Wiederholen Sie mehrmals täglich diese Übung. Nach einer Woche versteht der Hund das Kommando „Platz“ schon genau. Jetzt nehmen Sie das Handzeichen dazu. Der Hund befindet sich vor Ihnen im „Sitz“. Sie sagen „Becky, Platz“ und bewegen dabei die waagerecht ausgestreckte rechte Handfläche nach unten. Legt der Hund sich auf Kommando und Handzeichen hin, gibt es Lob und Leckerchen. Versteht er es noch nicht, wiederholen Sie die Übung wie vorher mit der linken Hand auf dem Po, aber schon mit Handzeichen. Macht er es nun richtig, folgt keine sofortige Wiederholung, da er sonst glaubt, er habe es falsch gemacht. Das Training endete positiv und dabei belassen Sie es. Die Zeitdauer im „Platz“ wird in den nächsten Monaten kontinuierlich verlängert. Zusätzlich entfernen Sie sich Stück für Stück weiter und der Hund muss liegen bleiben: „Becky, bleib“, Handzeichen: Innenfläche der rechten Hand zum Hund, Finger gerade nach oben.

Leinenführigkeit

Wer geht mit wem spazieren? Leinenführig ist ein Hund, der nicht in die Leine zieht. Er läuft also an lockerer Leine mit Ihnen mit, ohne zu zerren. Das wird oft mit der Übung „Fuß“ verwechselt. Eine Rollleine hängt zwar nicht durch, aber auch bei ihr bemerken Sie sofort, ob der

Hund Druck nach vorne ausübt, was Ihren Arm- und Schultergelenken nicht gerade zuträglich ist.

Ihr Hund bekommt kein Halsband, sondern das Suchgeschirr umgelegt, weil diese Übung mit Leinenruck verbunden ist. Am Geschirr befestigen Sie eine 5-m-Leine, z.B. eine leichte Kordelleine. Gehen Sie auf eine große Wiese außerhalb des Grundstücks. Lassen Sie ihn schnüffeln. OHNE etwas zu sagen, gehen Sie in eine Richtung und lassen die Leine locker. Wenn Sie nun stramm durchgehen, Ihre Richtung beibehalten, bekommt der Beagle dadurch einen Leinenruck zu spüren, wenn er nicht auf Sie geachtet hat. Er wird völlig verdutzt folgen, aber kurz darauf wieder versonnen schnüffeln. Sie bleiben ein paar Sekunden stehen, wechseln dann die Richtung und laufen wieder zügig los. Ignorieren Sie Ihren Hund weiter. Nicht mit ihm reden! Nach 30 bis 50 m halten Sie kurz an und nehmen sich auf die gleiche Art eine andere Richtung vor. Nach einigen Richtungswechseln wird auch der unaufmerksamste Beagle den Kontakt zu Ihnen suchen. Der heftige Ruck ist ihm nicht geheuer, und er weiß es nicht zu deuten, dass Sie ihn ignorieren. Er wird Sie nun aufmerksam beobachten und Ihnen folgen. Ist er an diesem Punkt, sehen Sie ihn an und loben ihn.

Eine gute hundgerechte Alternative bietet das sogenannte Halti. Hierbei handelt es sich um ein Kopfhalfter, nicht zu verwechseln mit einem Maulkorb. Dieses Erziehungsinstrument muss korrekt angewandt werden. Dafür brauchen Sie unbedingt einen kompetenten Trainer. Versuchen Sie es nicht allein.

„Fuß“

Ist die Leinenführigkeit gut, kann die Übung „Fuß“ folgen. Locken Sie Ihren Beagle an Ihre linke Seite. Befindet er sich auf gleicher Höhe mit Ihrem Bein, klopfen Sie mit der rechten Hand an Ihren linken Oberschenkel und sagen: „Becky, Fuß.“ Geht er ein paar Schritte direkt neben Ihnen, loben Sie: „Becky, fein Fuß“ und geben ein Leckerchen. Reden Sie die ganze Zeit, die er neben Ihnen läuft, freudig lobend mit ihm. Will er vorlaufen oder zurückbleiben, klopfen Sie auf den Oberschenkel und locken ihn wieder zu sich heran. Jeden Tag wird das nun für ein paar Schritte geübt, bis es zuverlässig klappt. Dann wird die Strecke verlängert und Wendungen mal nach rechts, mal nach links eingebaut. Ist dieses Training erfolgreich, bringen Sie ihm bei, sich zu setzen, sobald Sie stehen bleiben. Perfekt ist diese Übung, wenn Ihr Hund auf das Kommando „Fuß“ direkt an Ihre Seite wechselt, auf gleicher Höhe bleibt, jeden Richtungswechsel in dieser Position mitmacht und sich hinsetzt, wenn Sie anhalten.

Fußlaufen bedeutet für den Hund hohe Konzentration. Hunde können über längere Zeit eine bequeme Geschwindigkeit von etwa 11 Stundenkilometer halten. Unsere eigene Gangart liegt zwischen 2 und 5 Stundenkilometer. Athleten bringen es auf 9 Stundenkilometer. Der Hund muss also beim Fußlaufen extreme Zeitlupe einhalten. Wenden Sie deshalb dieses Kommando so selten wie möglich an.

„Bleib“

Mit diesem Kommando warten Sie, bis der Hund die zuvor genannten Kommandos gelernt hat. Bei einem zu jungen Hund klappt das noch nicht.

Sie bringen Ihren Hund ins „Platz“, halten ihm dann die flache rechte Handfläche, Finger nach oben, senkrecht entgegen und sagen: „Becky, bleib.“ Sie gehen einen Schritt rückwärts und zählen in Gedanken bis zehn. Bleibt er liegen, gehen Sie zu ihm, lösen das Kommando auf und loben. Wenn das klappt, verlängern Sie die Zeiten (bis 15, dann bis 25 zählen usw.). Ist das auch in trockenen Tüchern, können Sie immer weiter weggehen und das Kommando mit „Becky, hierhin“ auflösen. Steht der Hund aber vorher auf, sagen Sie „Nein“ und bringen ihn sofort wieder ins „Platz und Bleib“. Auf ein Neues!

Befolgt der Hund „Platz“ und „Bleib“ üben Sie diese beiden Kommandos auf Entfernung. Zuerst nur auf einem Meter, dann aufbauen. Meine Sally (erster Beagle bei uns) lief in großen Parks ohne Leine. Sie hatte unglaublich viel Spaß beim Training und lernte schnell. Auf den weiten Wiesenflächen lief sie einmal schnüffelnd herum und ich sah hinter ihr am Waldrand Rehe, die zur Wiese liefen. Ich pfiff, Sally hob den Kopf und schaute in meine Richtung. Es genügte, dass ich den rechten Arm gerade nach oben streckte, ihr die Handfläche zeigte und dann den Arm langsam nach unten bewegte. Sofort ging sie ins „Platz“ und wartete, bis ich kam und sie anleinte. Auch wenn sie sehr gut gehorchte, war sie Beagle genug, um flüchtenden Rehen hinterher zu jagen, und mit diesen Kommandos konnte ich das glücklicherweise verhindern.

„Hierhin“

Die Übung des zuverlässigen Zurückkommens ist beim Beagle, wie anfangs erwähnt, nicht immer von Erfolg gekrönt, auch bei noch so gutem Training nicht. Es könnte aber sein, dass Sie einen Beagle erwischt haben, der nicht durch und durch ein Jäger ist. Dann ist die

Übung sinnvoll. Also nutzen Sie die Zeit, um nichts zu verpassen. Geben Sie nicht zu früh auf.

Jeder Welpe, auch ein Beagle, wird Ihnen in den ersten Wochen folgen. Der Nachfolgeinstinkt ist noch vorhanden und verhindert, dass er der Mutter (jetzt Ihnen) verloren geht. Diesen Trieb machen Sie sich zunutze. Gehen Sie mit ihm immer wieder auf anderen, für ihn unbekannten Wegen spazieren. Das unterstützt seine Unsicherheit und er wird eher versuchen, Sie nicht zu verlieren. Würden Sie jeden Tag vom Grundstück aus denselben Weg nehmen, hätte er bald die Sicherheit, auf jeden Fall auch ohne Sie nach Hause zu finden und würde dauernd größere Kreise alleine ziehen. Beim Freilaufen bekommt er ein Halsband mit Adresshülse (Adresse, Telefonnummer) um, für den Fall aller Fälle, und dann geht's los.

Unterwegs rennen Sie mal mit dem Welpen, mal werfen Sie ein Leckerchen in die Wiese, welches er suchen darf und mal machen Sie eine kleine Übung. Einen Teil des Weges gehen Sie einfach nur spazieren und überlassen ihn sich selbst. Er soll lernen, auf Sie zu achten. Schnüffelt er ewig an einem Fleck herum und achtet nicht auf Sie, verschwinden Sie flugs hinter einem Baum, Strauch oder was sich so anbietet. Es dauert nicht lange und der Welpe merkt, dass er allein ist, läuft aufgeregt fiepend herum und versucht, Sie zu finden. In diesem Alter kann er noch nicht sicher Ihre Spur zurückverfolgen, deshalb achten Sie darauf, dass er nicht zu lange einfach geradeaus in eine völlig andere Richtung läuft. Treten Sie ein kleines Stück aus dem Versteck hervor, so dass er Sie sehen kann, und klatschen in die Hände, um ihn aufmerksam zu machen. Die Begeisterung über das Wiedersehen, die dann bei ihm ausbricht, ist jedes Mal wieder schön. Kommt er wedelnd auf Sie zugerast, rufen Sie: „Becky, hierhin." Dieses Erlebnis des Verlassenwerdens brauchen Beagles unbedingt in frühem Alter, um zu lernen, auf die Besitzer zu achten und in der Nähe zu bleiben. Durch besondere Gourmethappen unterstützen Sie das Herankommen.

Läuft der Welpe oder Junghund auf dem Weg vor und zurück und Sie sehen gerade, dass er auf Sie zuläuft, rufen Sie sofort: „Becky, hierhin" und belohnen entsprechend. Aber Sie müssen sicher sein, dass er wirklich auf *Sie* zuläuft und nicht auf dem Weg an Ihnen vorbei, zum Beispiel zu einem anderen Hund, der hinter Ihnen spazieren geht.

Konsequenz ist gerade bei diesem Kommando unumgänglich. Ihr Beagle darf nicht ein einziges Mal die Erfahrung machen, dass Sie ihn rufen, er nicht kommt und ihm dann nichts passiert. Rufen Sie nur dann, wenn Sie ganz genau wissen, dass er kommt oder wenn Sie Zugriff haben – sonst nie! Ich sehe das immer wieder: Am Feldrand steht ein Besitzer und ruft und ruft und ruft… Der Beagle kommt aber nicht. Der findet es prima, dass Herrchen ihm ständig Bescheid sagt, wo er sich aufhält. So kann er nun beruhigt größere Kreise ziehen. Er verliert seinen Chef ja nicht. Was will man mehr?!

Ich übte das Kommando „Hierhin“ am Anfang oft in meinem langen Flur. Am Ende des Flures legte ich eine Papiertüte mit Brötchenkrümeln hin, ging zurück zum Anfang des Flures und wartete. Es dauerte gar nicht lange und der kleine Beagle untersuchte das interessante Objekt. In diesem Moment wusste ich genau, wenn ich ihn jetzt rufe, kommt er hundertprozentig nicht. Und genau das war der Zweck. Er musste lernen, dass es Konsequenzen hat, wenn er meinen Ruf ignoriert. Beim Kommando hob er nichtmal den Kopf. Die Brötchenkrümel waren ihm wichtiger. Nun stürzte ich auf ihn zu. Da er keine Fluchtmöglichkeit hatte, konnte ich ihn packen. Mit beiden Händen griff ich rechts und links ins Halsfell und zog ihn mit mir mit zum Punkt, wohin er hätte kommen sollen. Dabei rügte ich ihn mit dunkler Stimme. Danach ließ ich ihn laufen und räumte die Tüte weg. Nach zwei bis drei Stunden wiederholte ich dieses Spiel mit einem anderen spannenden Gegenstand. Ich wollte ja nicht, dass der Beagle dieses Geschehen mit der Tüte verbindet. Am zweiten oder dritten Tag, nach etwa 10 bis 15 Übungen kommt der Kleine sofort nach dem Kommando auf Sie zu und Sie zeigen ihm Ihre große Freude. Klappt das ein paar Mal, üben Sie nun an anderen Stellen im Haus und im Garten. Nur dort, wo Sie zugreifen können, wenn er nicht gehorcht. Aber noch einmal: Draußen klappt das nur mit Beagles, die nicht über einen beagletypischen Jagdtrieb verfügen.

Diese Übungen in Haus und Garten, das Verstecken auf Spaziergängen sowie das freudige Heranrufen, wenn der Welpe sicher auf Sie zuläuft, bringen die größten Erfolge. Rufen Sie nie, wenn Ihr Beagle mit anderen Hunden auf einer Wiese herumtollt. Er würde dann nicht gehorchen. Das Risiko, sich das Kommando kaputtzumachen, gehen Sie besser nicht ein. Bewegen Sie sich dann besser ruhig auf ihn zu und leinen ihn an.

Allein bleiben

Das fällt dem Beagle besonders schwer, muss aber manchmal sein. Die Betonung liegt auf manchmal. Müssen Sie in den ersten Monaten mal kurz ohne Hund fort, laufen und spielen Sie vorher mit ihm, damit er müde wird. Für kurze Zeit kann er dann im geschlossenen Käfig schlafen oder an einem Kauknochen nagen. Sind Sie länger als 60 Minuten unterwegs, bringen Sie ihn besser zum Dogsitter. Ab dem 7./8. Monat üben Sie zweimal täglich das Allein bleiben. Gehen Sie ohne große Reden von ihm weg und schließen die Haustür hinter sich. Dort bleiben Sie in der Nähe und warten ab. Wahrscheinlich werden Sie nun herzzerreißendes Fiepen hören, vielleicht auch verbunden mit Kratzen an der Tür. Solange Sie diese Geräusche hören, dürfen Sie nicht zum Hund hineingehen. Er würde dann lernen: „Wenn ich genug Geschrei mache, ist Frauchen sofort wieder bei mir.“ Haben Sie Geduld. Bald wird ein ruhiger Moment kommen, den Sie nutzen können. Alles ist still und Sie gehen sofort hinein zu Ihrem Hund. Er wird Sie überschäumend begrüßen. Seine Trennungsangst löst sich. Nun geben Sie ihm ein kleines, besonderes Leckerchen. Das versteht ein Beagle. Aus seiner Sicht entfernen sich die führenden Hunde nur vom Rudel, um Beute zu machen. Davon erhalten auch diejenigen eine Kleinigkeit, die im Rang ganz unten stehen. Alles hat wieder seine Ordnung.

Diese Übung machen Sie zweimal täglich eine Woche lang. In der zweiten Woche verlängern Sie die Abwartephasen. Bald können Sie schon bis zu 20 Minuten draußen bleiben. Ist das geschafft, können Sie nach seinem ersten Geburtstag bestimmt weggehen. Er kann Ihr Verhalten nun richtig einschätzen und ist sich sicher, dass Sie nur auf Beutegang sind und bestimmt bald mit etwas Leckerem zu ihm heimkehren.

Bellen

Haben sie einen Beagle, der oft und lang anhaltend bellt? Stellen Sie sich die Frage, ob er ausgelastet oder das Bellen ein Ausdruck von Langeweile ist. Ist er arbeitslos? Liegt er von 24 Stunden 20 nur herum und muss sich selbst amüsieren? Nach einigen Stunden im Wald mit vielen verschiedenen Schnüffeleinheiten fällt er normalerweise in tiefen Schlaf. Zusätzliches Training und Spiele machen aus ihm einen überaus ruhigen zufriedenen Gesellen.

Es gibt aber auch Zaunkläffer. Menschen gehen an seinem Territorium vorbei, die er natürlich vertreiben muss. Er rast laut bellend zum Zaun und hat tatsächlich Erfolg. Die Menschen gehen weiter. Er hat sie glänzend verbellt und fühlt sich entsprechend. Das baut ihn täglich mehr auf. Wohnen Sie in einem Gebiet, wo sehr viele Menschen an Ihrem Garten vorbeigehen, kann Ihnen und den Nachbarn das Gekläffe gehörig auf die Nerven gehen. Versuchen Sie es mit einem Zitronenhalsband. An diesem Ding befindet sich ein Gerät, das beim Bellen eine Zitronenduftwolke freisetzt. Dieser Geruch ist dem Beagle unangenehm und er unterbricht sein Gebell. Nach zwei dieser Erfahrungen wird er nur noch den Spaziergängern hinterher schauen und sich wundern, dass die auch ohne seine Anmache verschwinden.

Gewöhnung an die Umwelt und Ihr Leben

Schränken Sie Ihren Alltag mit Beagle nicht ein. Er muss sich an Ihren Tagesablauf gewöhnen. Besuchen Sie weiter Verwandte und Freunde, aber mit Beagle. Von der 10./11. Woche an soll er viel außerhalb seines Zuhauses kennen lernen. Nehmen Sie ihn mit in die Stadt, machen mal eine Busfahrt mit ihm, laufen mit ihm durch eine Unterführung und spazieren über belebte Plätze.

Zuckt er wegen eines ungewohnten Geräusches zusammen und Sie gehen in diesen Momenten *nicht* auf ihn ein, merkt er an Ihrem gleichbleibend ruhigen Benehmen, dass keine Gefahr droht. Dran denken: Nie trösten! Umgekehrt muss ein Stadtbeagle ab und zu aufs Land, damit er nicht ein Sauerstoffzelt braucht, wenn er Kühe und Pferde trifft. Zunehmend wird er diese Ausflüge genießen, wo sich ihm so viel Neues bietet. Er ist auf dem Weg, ein selbstbewusster Beagle zu werden, den nichts und niemand aus der Ruhe bringen kann.

Miteinander, gegeneinander

- Hunde unter sich –

Begegnen sich frei laufende Hunde, ist gewöhnlich alles in Ordnung. War ich aber mit einem angeleinten Beagle auf dem Spaziergang, ging ich entgegenkommenden angeleinten Hunden aus dem Weg.

Die Leine gibt Hunden ein Gefühl der Stärke, so nach dem Motto: „Frauchen/Herrchen wird das Schlimmste schon verhindern, also ran!"

Meine Tracy war bei uns Zuhause die Rudelchefin und forderte von ihren Töchtern, Enkeln und den Besucherhunden Respekt – mit Erfolg. Ging sie mit diesem Bewusstsein auf Wald- oder Feldwegen spazieren, die sie nach langen Jahren gut kannte, bezog sie dieses Gebiet mit ein in ihr Territorium. Traf sie dort auf eine Hündin, die ihr den Respekt verweigerte oder heiß war, so konnte es sein, dass Tracy nach vorne schoss und angriff. Sie biss zwar nie, aber die anderen Hundebesitzer reagierten selbstverständlich nervös. Hündinnen, die schon Mutter gewesen und sehr dominant sind, reagieren oft so. Doch leider konnte ich Tracy nicht ableinen, da sie dann ewige Zeiten auf die Jagd gegangen wäre. Ging ich mit meinen unangeleinten Hündinnen auf einen fremden eingezäunten Platz und sie trafen dort andere frei laufende Hunde, war alles okay. Zuhause lud ich während der Trächtigkeit und in der Welpenzeit nie Familien mit Hündinnen ein. Zu anderen Zeiten war es kein Problem. Doch in diesen Zeiten hätten sie keine andere Hündin geduldet und auf jeden Fall ernsthaft zugebissen. Rüden waren zu jeder Zeit willkommen, da sie sich Hündinnen eh unterordnen. Bei meinen Welpenfamilien mit nur einer Beaglehündin, die nie Welpen bekommen hat, ist das anders. Da kann zu jeder Zeit kommen wer will. Es gibt keine Raufereien.

Gehen frei laufende Hündinnen aufeinander los, so handelt es sich um eine ernste Sache. Manche Hündinnen kämpfen, bis eine stark verletzt ist oder bis zum Tod. Trifft ein Rüde einen anderen Rüden, so geht es im Allgemeinen (geistige Defekte und falsche Haltung mal ausgeschlossen) friedlich ab. Rüden machen viel Geschrei um nichts. Sie stellen die Haare auf, knurren fürchterlich, zeigen sogar die Zähne, stürzen aufeinander zu, als wollten sie sich umbringen. Aber es handelt sich dabei nur um Imponiergehabe. Wenden die Besitzer sich ab, gehen weiter weg, arrangieren sie sich wieder. Meist gehen Rüden seitlich aneinander, immer noch mit aufgestelltem Haar, schnüffeln sich gründlich ab und machen klar, wer der mental Stärkere ist. Sind die Fronten geklärt, kommen sie prima miteinander zurecht. Es gibt manchmal ein paar Schrammen, aber keine ernsthafte Verletzung. Allerdings erlebte ich auch, wie sich das Bild änderte, wenn die Besitzer eingriffen. Die Rüden bekamen plötzlich Verstärkung, und es kam zum echten Kampf mit Verletzungen.

Beim Zusammentreffen von Rüden habe ich nur Bedenken, wenn eine läufige Hündin in der Nähe ist und das Werben beginnt. Da ist auch bei Rüden der Punkt erreicht, wo es ernst werden könnte.

Kommen Sie nie auf die unsinnige Idee, Ihren kleinen Beagle auf den Arm zu nehmen, um ihn vor einem angreifenden Raufer zu schützen. Ihr Beagle bekommt dadurch auch das Gefühl der Stärke, wird von seinem Aussichtspunkt den Gegner böse anknurren und mit seiner Körperhaltung drohen. Der andere beschließt dann erst recht, seinen Angriff zu starten. Sie haben aber Ihre Hände nicht frei, um sich zum Beispiel mit einem Stock zu wehren, können auch Ihr Schlappohr nicht beschützen. In aller Regel sind Einzelbeagles nicht gerade die mutigsten Hunde. Leinen Sie ihn bei einem herankommenden Streitsüchtigen schnell ab, wird Ihr Beagle geschickt ausweichen und dem Kampf wahrscheinlich aus dem Weg gehen. So wendig und schnell sind wenige Vertreter anderer Rassen und Sie müssen keine Angst haben, dass Ihr Kleiner von ihm erwischt wird. Das Ableinen ist in dem Fall das kleinere Übel.

Laufen, laufen, laufen

- Ausflüge mit dem Schlappohr –

Bis Ihr Beagle sechs Monate alt ist, sind Spaziergänge in unterschiedlicher Umgebung wichtig, dürfen aber noch nicht zu lang sein. Die Muskulatur muss im ersten Jahr aufgebaut werden, damit Glieder und Gelenke gestützt werden, aber langsam. In dieser Zeit lassen Sie den Kleinen ohnehin meistens ohne Leine laufen, sodass er sich austoben kann und die Muskeln Form annehmen. Für das Leinentraining nutzen Sie kurze Gänge.

Kann er seinen Bewegungsablauf allein bestimmen, wird er sich hinsetzen, hinlegen oder sehr langsam umherschleichen, sobald er ermüdet. Das funktioniert, wenn Sie eine kurze Strecke mit ihm gehen und dann zum Beispiel auf einer Wiese auf und ab gehen. Marschieren Sie aber schnurstracks geradeaus über lange Zeit, wird er versuchen, Sie nicht zu verlieren, kann aber nicht selbst bestimmen, wann es genug für ihn ist. Das ist ungesund für ihn. Hierbei sind seine Gelenke, seine Kraft und sein Herz überfordert, auch dann, wenn Sie es ihm nicht auf Anhieb ansehen. Meine Empfehlungen für Spaziergänge:

- im 3. und 4. Monat 3 x 20 bis 30 Minuten am Tag
- im 5. und 6. Monat 3 x 35 bis 40 Minuten am Tag
- im 7. und 8. Monat 1 x 50 Minuten und 1 x 35 Minuten am Tag
- ab dem 9. Monat wird jeder Spaziergang etwas ausgedehnter
- ab 1 Jahr 1 x 1,5 Stunden und 1 x 30 Minuten am Tag (jeden weiteren Monat etwas mehr)
- ab18 Monaten mindestens 3 Stunden täglich, lieber mehr

Sie wollten einen Laufhund, also laufen Sie mit ihm, bei fast jedem Wetter; Hagelschlag und Gewitter mal ausgenommen.

Ab dem 5. Monat bringen Sie ihm bei, auf Spaziergängen etwas zu suchen. Kneten Sie ein Taschentuch in Ihrer Hand, damit es gut nach Ihnen riecht. Lassen Sie es am Wegrand fallen, gehen ein paar Schritte und rufen Ihren Beagle zu sich. Nun ermuntern sie ihn ein paar Mal: „Becky, such." Dabei müssen Sie selbst aufgeregt am Wegrand nach dem Taschentuch suchen. Ihr Beagle wird nun auch interessiert gucken und dort schnüffeln. Dabei stößt er auf das Taschentuch, das nach Ihnen riecht und nimmt es auf. In haargenau diesem Moment zeigen Sie dem Hund Ihre übergroße Freude, nehmen ihm das Tuch mit „Becky, aus“ weg und tauschen es direkt mit einem Leckerchen. Setzen Sie nun mit ihm den Spaziergang fort und bieten ihm dabei noch ein paar Mal das Suchspiel an. Es können nach ein paar Tagen immer andere Gegenstände sein, die er suchen soll. Das erhöht den Reiz.

Rennen Sie mit dem Vierbeiner über Wege und Wiesen oder abgeerntete Felder. Gehen Sie mit ihm auch mal durch einen Bach. Ab dem 15. Monat lassen Sie ihn gelegentlich auf einen gefällten Baumstamm, über einen Graben und auf eine Bank springen. Die Unterordnungskommandos „Sitz“, „Platz“, „Fuß“ binden Sie auch ab und zu mit ins Ausflugsprogramm ein. Bieten Sie ihm viel Abwechslung, werden für Mensch und Tier die Spaziergänge interessanter und Ihr Beagle kommt nicht so schnell auf die Idee, seinen Ausflug selbständig zu gestalten.

Mit etwa 18 Monaten ist der Beagle erwachsen und ausgereift. Lieben Sie Fahrradtouren? Prima – der Beagle auch. Mein Mann gewöhnte langsam jeden unserer Hunde ab dem 15. Monat auf Wald- und Feldwegen ans Fahrrad. Am Anfang fuhr er einen Waldweg hin und her, geradeaus mit geringem Tempo und führte dabei den Beagle an der 8-m-Rollleine. Er ermahnte ihn, wenn er vor das Rad laufen oder die Seite wechseln wollte. Er lobte ihn freudig, wenn er seitlich ordentlich mitlief. Das muss gründlich geübt werden, damit es nicht zu Unfällen kommt. Innerhalb von drei Monaten klappte es und er konnte die Touren ausweiten. Mein Mann bevorzugte die Rollleine statt einer kurzen Leine, sodass er Zeit zum Bremsen und Absteigen hatte, falls die Hündin ausbrach. Alternative: Im Heimtierfachhandel gibt es eine spezielle Halterung, die am Fahrrad befestigt wird.

Vor jeder Radtour ist erst ein Spaziergang zum Lösen und Schnüffeln angesagt. Wenn der Hund seine Geschäfte vorher erledigen kann, läuft und fährt es sich lockerer.

Spaß muss sein

- Spielvorschläge –

Leckerchen suchen

1) Ein Beagle ist ausgesprochen verfressen. Nutzen Sie diesen Umstand, um ihn spielerisch zu beschäftigen. In einem Zimmer, später in der ganzen Wohnung, im gesamten Haus und im Garten verstecken Sie kleine, wohlriechende Leckerchen, z.B. gekochte Rinderherzstückchen, schmale Scheiben gekochter Puten- oder Hühnermägen. Ihr Beagle darf Ihnen dabei nicht zusehen. Ist alles versteckt, holen Sie ihn und schicken ihn auf die Suche. Am Anfang wählen Sie leichte Verstecke und legen einige Bröckchen offen ins Zimmer. Helfen Sie ihm, wenn er im jungen Alter noch nicht weiter weiß. Doch bald ist er ein Fuchs im Auffinden auch der ausgeklügeltsten Verstecke. Sie können dann auch Häppchen auf niedrige Baumäste legen und unter Laub vergraben.

2) Nehmen Sie ein kleines Behältnis, das er gut in den Fang nehmen, aber nicht zerlegen kann. Ich benutzte für dieses Spiel am liebsten ein weiches Brillenetui mit Schnappverschluss. Metall mögen die meisten Beagles nicht gern in den Fang nehmen. Da hinein legen Sie ein Leckerchen. Der Beagle wartet im Nebenraum, bis das Teil versteckt ist. Dann darf er suchen. Bleiben Sie in der Nähe, damit Sie ihm das Ding abnehmen können: „Becky, fein und aus." Bald wird er verstehen, dass er es bringen muss, Sie es öffnen, um ihm das Leckerchen herauszuholen.

3) Im Fachhandel und im Internet gibt es etliche tolle Intelligenzspiele, mal aus Holz, mal aus Kunststoff oder Naturgummi. Sie bieten dem Beagle Herausforderungen mit Spaßfaktor und trainieren damit Ausdauer und logisches Denken. Außerdem ist dies mal eine Möglichkeit, den Beagle allein spielen zu lassen.

Im Labyrinth-Ball (auch Actionball oder Futterball) sind einige Löcher, in die Sie Leckerchen füllen. Nun muss der Hund den Ball hin- und herrollen, damit die Leckereien herausfallen.

Das Hunde-Solitär besteht aus einer runden Holzplatte, die an einigen Stellen kleine, runde Aushöhlungen aufweist. Füllen Sie in diese Stellen Leckerchen und stellen dann die passenden Kegel darüber. Wenn der Hund die Platte einfach hin- und herschiebt, fallen diese Kegel nicht um.

Er riecht die herrlichen Leckerchen und muss überlegen, wie er daran kommt. Sobald er herauskriegt, dass er die Kegel mit der Schnute anheben muss, findet er die delikate Belohnung.

Das Trick-Rondell für Hunde hat es in sich. Hier können verschiedene Schwierigkeitsgrade gewählt werden. Einfach: Nur die Zylinder abheben und darunter findet der Liebling seine Belohnung oder schwierig: erst Zylinder abheben, damit dann Schieber zur Seite geschoben werden können, um so das kulinarische Erlebnis zu erlangen.

Dies sind nur wenige Beispiele. Inzwischen werden immer wieder neue Spiele auf den Markt gebracht.

Spielapport

Halten Sie dem Beagle ein neues Bällchen oder eine Nylonfrisbeescheibe vor die Nase. Machen Sie es möglichst interessant und anziehend für ihn, indem Sie es vor ihm bewegen, zwischendurch hinter Ihrem Rücken halten, dann wieder zeigen.

Steigt nun sein Interesse, werfen Sie es mit dem Kommando: „Becky, hol", ein bis zwei Schritte von sich fort. Aber möglichst dorthin, von wo der Hund nicht mit seiner Beute verschwinden kann. Er dreht sich mit dem Spielzeug im Fang um, läuft auf Sie zu und Sie halten schon ein Leckerchen bereit, um sofort mit ihm tauschen zu können. Loben nicht vergessen! Das Spielzeug werfen Sie sofort wieder weg, damit er es holen kann. Hat Ihr Beagle diesen Tausch verstanden, üben Sie Spielapport auf immer längeren Strecken. Klappt das zuverlässig, bekommt er nur noch für jedes dritte Mal, später für jedes fünfte Mal usw. seine Belohnung. Stöckchen werfen Sie bitte nie. Die Unfallgefahr mit Verletzungen im Fang ist zu groß.

Jux – Kleine Kunststücke

Ohne Frage muss ein Hund keine Zirkusnummern vorführen können. Doch machen diese Sachen Menschen wie Hunden viel Spaß. Kunststücke wie Rolle, Pfötchengeben, „Gib mir fünf", Danke-Verbeugung, Totstellen oder Bellen auf Handzeichen und/oder Kommando regen seine Gehirnzellen an und bringen Vergnügen in den Tag. Überlegen Sie sich sehr kurze Kommandos und Handzeichen, die sich gründlich von andern Befehlen unterscheiden. Auch Gäste können Sie mit diesen Spielchen amüsieren und Ihr Beagle wird es toll finden, dabei im Mittelpunkt zu stehen. So verschieden all meine Beagles von ihrer Persönlichkeit her auch waren, liebten sie alle diese Vorführungen und lernten gerne immer wieder etwas Neues.

Fährte

Binden Sie ein handgroßes Stück frischen rohen, ungebrühten Pansen oder ein Stück rohes Wild an ein langes Band. Ohne Ihren Beagle gehen Sie damit zu einem abgeernteten Feld oder einer gemähten Wiese. Hier laufen Sie rückwärts mit dem Wind und ziehen in Ihrer Fußspur den Pansen. Kennzeichnen Sie für sich den Anfang der Fährte und betupfen Sie dort eine etwa 1 Quadratmeter große Fläche mit dem gut riechenden Stück.

Beim 4 Monate alten Beagle reicht eine gerade Strecke von 50 bis 70 Meter. Ab dem 6./7. Monat bauen Sie Kurven und Kehrtwendungen ein und verlängern die Strecke bis zu 150 Metern. Später können Sie bis 400 Meter Fährte legen. Passen Sie die Strecke der Jagdpassion Ihres Beagles an. Weichen Sie von der geraden Strecke ab, stecken Sie kleine Äste für sich als Wegweiser in den Boden. So haben Sie die Strecke immer vor Augen. Nach etwa einer Stunde bringen Sie Ihren Hund an den Anfang der Strecke, nehmen ihn an eine 3-m-Leine und sagen: „Becky, such." Nimmt ihr Hund nun die Fährte auf und läuft los, gehen Sie hinter ihm mit durchhängender Leine. Er soll ruhig am Boden arbeiten und nicht hektisch herumschnüffeln und zerren.

Durch den Wind wird ihm der Geruch manchmal etwas neben der Schleppe zugetragen, sodass er versetzt sucht. Das ist völlig in Ordnung, solange die Richtung stimmt und es sich nur um ein paar Zentimeter handelt. Sucht er richtig, loben Sie ihn. Kommt er von der Strecke ab, bringen Sie ihn ruhig wieder darauf und schauen, dass sich seine Nase dort festsaugt. Und weiter geht's. Ermuntern Sie ihn immer wieder freundlich dabei. Am Ende erwartet den Jäger zur Belohnung das Pansen- oder Wildstück zur Belohnung.

Nach solch einer Beschäftigung sehen Sie Ihren Jagdhund sehr zufrieden. Diese Übung 1 x pro Woche ist für den Beagle ein Highlight. Hierbei kann er seine angeborenen Anlagen ausleben.

Zerren – Tauziehen

Zerrspiele dürfen erst nach dem Zahnwechsel, ab dem 7./8. Monat gespielt werden, sonst leidet das Gebiss. Das Hosenbein einer alten Jeans oder ein anderes festes Tuch eignet sich bestens zum Zerren. Es muss lang genug sein, damit es über den Boden gezogen werden kann. Es „flüchtet“. So wird das Fangen attraktiv und die Spiellust angefacht. Bewegen Sie das Stück, während Sie rennen oder im Kreis um sich herum. Packt der Beagle zu, „streiten“ Sie mit ihm um die Beute. Für ihn ist dieser Streit ein herrliches Spiel, bei dem er auch Knurren darf.

Agility

Agility bedeutet Behändigkeit, Gewandtheit und ist ein Sport gemeinsam für Mensch und Hund. Gute Hundeschulen bieten Agility-Plätze an. Gehorsam und Selbstbeherrschung müssen für den Beagle zu diesem Zeitpunkt Gewohnheit sein. Die verschiedenen Geräte auf dem Platz setzen voraus, dass ausschließlich erwachsene Hunde daran arbeiten. Es gibt viele verschiedene Sprünge, die den Gliedern eines jungen Hundes noch schaden. Ab dem 18./20. Monat finden Beagles sehr viel Vergnügen an diesem Hindernisparcours. Sie lernen, auf Handzeichen konzentriert zu reagieren und zeigen unbändige Freude, wenn der Besitzer neben ihnen den Parcours abläuft.

Freund suchen und Mantrailing

Sie gehen zu zweit mit dem Beagle in einem großen Park spazieren. Einer lässt ihn „Sitz“ machen, der andere entfernt sich 50 bis 100 m und versteckt sich hinter einem Baum oder Strauch. Nun wird der Beagle, der alles genau beobachtet hat, mit dem Befehl „Becky, such Christian“ losgeschickt. Bei dem Freund angekommen, erwartet ihn dessen große Freude und ein stürmisches Spiel. Hat er diesen Such-Befehl intus, wird sich der Freund schwieriger verstecken, sodass der Beagle seine Nase einsetzen muss. Fangen Sie erst eine neue Übung an, wenn die andere hundertprozentig sitzt. Haben Sie viel Geduld und Ruhe und überfordern Sie Ihren Beagle nicht.

Die überaus gute Nase des Beagles (Bloodhound-Erbe) befähigt ihn auch fürs Mantrailing (Personensuche), einen Sport, den Beagles lieben. Hierfür werden schon viele Kurse von Hundesportvereinen und Rettungshundestaffeln angeboten. Als Mantrailer wird der Beagle darauf trainiert, verschiedene menschliche Gerüche voneinander zu unterscheiden. Es wird ihm ein Geruchsträger der Zielperson angeboten, und er geht diesem Geruch nach, um die Person zu finden. Jeder Mensch, der sich bewegt, verliert dauernd Tausende von Hautschuppen, die in der Luft verwirbelt werden. Sie bleiben zirka 36 Stunden erhalten, bei Regen etwas weniger. Der Beagle lernt, dieser Duftspur zu folgen und genau die richtige Person zu finden. Auch im Bereich der Rettungshundearbeit werden gute Mantrailer neben Flächensuchhunden inzwischen effizient eingesetzt.

Es sind einige gute Bücher auf dem Markt, die viele Anleitungen für Tricks und Spiele ausführlich darstellen, deshalb beschränkte ich mich hier auf kurze Hinweise. Falls Sie Gefallen daran finden, steht Ihnen der Ideenreichtum anderer Autoren offen.

Die heiße Phase

Abstände der Hitzen

Haben Sie sich für eine Hündin entschieden, müssen Sie sich irgendwann zwischen dem 6. und 20. Lebensmonat auf ihren biologischen Rhythmus einstellen, auf die Hitze/Läufigkeit. Ein- oder zweimal im Jahr wird Ihre Hündin heiß. Der Abstand der Hitzen ist nicht bei jeder Hündin gleich. Immer wieder wird von 6 Monaten gesprochen, aber so pauschal trifft das nicht zu. Es handelt sich um einen recht individuellen Rhythmus.

Führen Sie ein wenig Tagebuch. Notieren Sie sich jeweils den 1. Tag der ersten und der zweiten Hitze. So können Sie den Abstand der künftigen Läufigkeiten ungefähr bestimmen. Bei einer gesunden Hündin kommt nicht die eine Hitze nach drei Monaten und die nächste nach neun Monaten. Kleine Verschiebungen gibt es manchmal, besonders dann, wenn eine zweite Hündin gehalten wird. Es kann sein, dass sich die eine der anderen anpasst. Auch ein harter Winter beeinflusste eine meiner Hündinnen. In diesem Fall zog sie die Hitze fast sechs Wochen hinaus.

Die Hündin verändert sich

Kurz vor und während der heißen Phase verändern sich Hündinnen im Wesen. Die einen werden sehr lebhaft, andere werden außergewöhnlich ruhig. Meist sind sie zudem noch anhänglicher als sonst.

Alle urinieren schon vier bis sechs Wochen vorher auf Spaziergängen alle paar Meter nur wenige Tröpfchen. Sie verteilen ihren nun erregenden Duft, um Rüden darauf hinzuweisen, dass der interessante Zeitpunkt naht. Die Hündinnen heben sogar ein Bein nach Rüdenart beim Markieren und scharren danach wie verrückt, um ihren Duft weit zu verteilen. Jetzt schwillt die Vulva deutlich an und der erste Blutstropfen tritt an den Tag.

Das Blut ist in den ersten Tagen dunkelrot. Meine Polstermöbel deckte ich in diesen Wochen dicht mit gut waschbaren Tüchern ab, auch die Rückenpolster. Ich wollte die Hündinnen gerade in dieser sensiblen Zeit nicht von ihren gewohnten Plätzen vertreiben. Kommt eine läufige Hündin aus dem Schlaf, steht sie auf und schüttelt sich. Bei dieser Prozedur fliegen die Blutstropfen umher, bevor sie sich sauber leckt. Da macht das großräumige Abdecken der Sitzmöbel wirklich Sinn.

Hitzehöschen

Im Fachhandel gibt es für jede Hundegröße spezielle Hitzehöschen. Ich persönlich finde solch ein Teil für diese Zeit völlig unmöglich. Es ist der Hündin im Weg. Für sie ist es wichtig, sich sauber lecken zu können. Solche menschlichen Extravaganzen sind für Hunde nicht zu begreifen. Wer mit einer heißen Hündin nicht leben kann, muss sich halt für einen Rüden entscheiden.

Die gefährlichen Tage

Solange die Hitze andauert (3-4 Wochen), bleibt die Hündin auf Spaziergängen angeleint. Ich rate dazu, lieber eine Woche länger anzuleinen, um kein Risiko einzugehen. Auch eine sonst gehorsame Hündin wird wahrscheinlich weglaufen, um sich nach einem passenden Verehrer umzusehen. Der Instinkt dafür ist stärker als Ihr Wort.

Nach und nach verliert das Blut seine dunkle Farbe, wird heller, bis es fast farblos wirkt. Die nun stark angeschwollene Vulva wird weicher. Die Decktage nahen. Wann die sich einstellen, wissen Sie als Hundehalter nie so ganz genau. Der Zeitpunkt ist individuell verschieden. Es gibt Hündinnen, die am 8. Tag gedeckt werden können und andere, die erst am 12. oder 18. Tag so weit sind; je nachdem, wann der Eisprung einsetzt. Nur zu diesem Zeitpunkt empfängt die Hündin.

Auf Spaziergängen ist es zu dieser Zeit nicht immer einfach für Sie. Meiden Sie in dieser Zeit besser hoch frequentierte Wege. Viele Rüden laufen ohne Leine, nehmen den Geruch der Hitze wahr und folgen ihm. Wie oft musste ich kräftig zupacken, um einen Rüden von meiner Hündin zu trennen. Bis der Besitzer mit der Leine da ist, kann es schon zu spät sein. Also greifen Sie rechtzeitig ein. Die Hündin selbst ist natürlich keine Hilfe. Sie dreht sich dem Rüden entgegen und macht ihn an.

Vertrauen Sie nie den angebotenen Sprays, mit denen der Geruch der Hitze unterdrückt werden soll. Instinktsichere Rüden halten Sie damit nicht auf Abstand.

Sie wollen bestimmt keinen unerwünschten Nachwuchs. Darum passen Sie auch Zuhause gut auf. Ist Ihr Gartenzaun hoch genug oder können Rüden darüber springen, um ein Rendezvous mit Ihrer Hündin zu erreichen? Buddelt Ihre Hündin zu intensiv und schafft sich einen Ausgang?

Deckunfall

Misslingt die Aufsicht und es kommt tatsächlich zu einem Deckunfall, müssen Sie innerhalb 36 Stunden den Tierarzt aufsuchen. Er leitet durch eine Östrogeninjektion einen Abort ein. Versuchen Sie niemals, Rüde und Hündin während des Deckaktes zu trennen. Schwere Verletzungen an den Geschlechtsorganen wären die Folge, denn die Scheidenmuskulatur hält den ausgedehnten Schwellkörper des Rüden fest. Er könnte gar nicht aus der Hündin heraus, selbst wenn er wollte. Dieses Hängen dauert in der Regel zwischen 10 und 40 Minuten. Sie können währenddessen nur Ruhe bewahren und erst anschließend das Erforderliche tun.

Scheinschwanger

Scheinschwangerschaften kannte ich bei meinen Hündinnen nicht. Die eine oder andere entwickelte nach einer Hitze wohl etwas Milch in ihren Zitzen, aber das gab sich nach ein paar Tagen von allein. Sollte es vorkommen, dass Ihre Beaglehündin sich tatsächlich rundet und alle Anzeichen einer Trächtigkeit zeigt, empfehle ich, tierärztlichen Rat einzuholen. Nach einer Hitze sind oft für kurze Zeit noch die vier hinteren Zitzen etwas dicker. Das ist kein Grund zur Sorge, solange diese weich bleiben. Das hat mit Scheinträchtigkeit nichts zu tun. Sollte aber eine Verhärtung auftreten, muss der Tierarzt hinzugezogen werden.

Kastration

Das Thema Kastration tauchte bei Gesprächen mit Welpeninteressenten ab und zu auf. Da ich immer für eine natürliche Haltung bin, sagte ich denen, die sich mit diesem Gedanken beschäftigten, keine Hündin zu kaufen. Einige Tierärzte raten dazu, sehr junge Hündinnen noch vor der ersten Hitze kastrieren zu lassen, die Entfernung von Gebärmutter und Eierstöcken. Sie führen an, dass damit Mammatumore fast ausgeschlossen werden können. Nach der ersten Hitze wäre das nicht mehr im gleichen Maße gewährleistet. Meine Meinung dazu: Die Hündin bleibt körperlich und seelisch stehen. Die normale Entwicklung wird gestoppt. Wenn überhaupt, sollte meiner Meinung nach eine Kastration nur dann vorgenommen werden, wenn eine Krankheit vorliegt und es nicht mehr anders geht. Bei meiner Becky hatte ich nach einem Unfall keine andere Wahl. Sie wäre sonst gestorben. Die Veränderungen danach waren bei ihr nicht zu übersehen. Sie roch für Artgenossen anders, wodurch es öfter zu Zwistigkeiten kam. Es gab keine Beißereien, aber ihre Zickigkeit war manchmal anstrengend. Auch mit dem Gewicht bekam sie die bekannten Schwierigkeiten und ihr Haarkleid veränderte sich zum Nachteil. Sie verlor ständig Unmengen an Haaren.

Außerdem sollten Sie bedenken, dass eine Kastration bei einer Hündin auch zur Inkontinenz führen kann. Wenn der Hündin im Zuge einer Kastration die Eierstöcke nicht vollständig entfernt wurden, sondern hormonell aktives Restgewebe im Körper verbleibt, besteht die Gefahr von Infektionen. Eine Gebärmutterentzündung (Pyometra) kann böse enden.

Die Kastration bei Rüden ist viel einfacher, keine große OP und oft ein erfolgreiches Mittel, um sie führiger und weniger aggressiv werden zu lassen. Allerdings sollte Aggressivität beim Beagle eh kein Thema sein. Eine Hundetrainerin empfahl einem meiner Welpenkäufer bei ihrem Rüden die Kastration, damit er nicht mehr wegläuft. Dieser Rat war völlig falsch. Der Rüde folgte natürlich auch nach der Operation weiterhin seinem Jagdinstinkt. So einfach trickst man Gene nicht aus. Allenfalls sehe ich eine Kastration bei Rüden ein, wenn in der Nachbarschaft Hündinnen einziehen und der Rüde während der heißen Tage ständig liebeskrank wird. Ein Rüde, den ich kenne, steigerte sich so sehr in den Liebeskummer, dass er eine Prostataentzündung bekam. In solchen Fällen gibt es oft keine andere Möglichkeit als die Kastration.

Verschieben oder Abbruch der Hitze

Sie haben Ihren Urlaub mit Hund geplant? Doch genau einen Tag vor dem langersehnten Aufbruch wird Ihre Hündin heiß. Es gibt heutzutage Medikamente (gestagenhaltige Kontrazeptiva), um die Hitze abzubrechen oder zu verschieben. Dabei handelt es sich aber um gravierende Eingriffe in den Hormonhaushalt des Tieres. Viel zu oft hörte ich schon von anschließenden Gebärmutterentzündungen.

Nehmen Sie es locker und fahren Sie trotzdem fröhlich in den Urlaub. Für den Klappkäfig werden nun ein paar Vetbeds zum Wechseln mehr eingepackt, und bevor Sie Ihre Kleine im Hotelzimmer aus dem Käfig lassen, wischen Sie ihr noch schnell die Vulva ab. Dann kann es zum Wandern nach draußen gehen.

Liebe geht nicht nur durch den Magen

Der stets um Futter bettelnde Blick eines Beagles verführt leider viel zu viele Besitzer dazu, ihrem Liebling außerhalb der Fütterungszeiten zusätzlich etwas zu geben. Etliche arme Beagles sehen aus wie Sofarollen. Sie leiden unter Gelenkschmerzen, können nicht mehr lange Zeit laufen, zeigen Atemprobleme, bekommen schlimme Herzkrankheiten und haben jede Ähnlichkeit mit einem drahtigen Jagdhund verloren.

Sprach ich die Besitzer auf dieses Thema an, kam zu oft die Antwort: „Ich weiß nicht, warum er so zunimmt. Er kriegt schon sehr wenig zu fressen. Davon kann ich nichts mehr abziehen." Bei solch mangelhafter Einsicht konnte ich nur noch empfehlen, einen Umzug zu planen in eine Gegend, wo die Luft weniger fetthaltig ist. Ich werde nie verstehen, dass man Tieren, die man angeblich liebt, Schmerzen zufügt und ihnen Lebensfreude nimmt.

Risiko Übergewicht

Zwei Dinge spielen zusammen, um das Gewicht des Beagles in gesunden Grenzen zu halten. Erstens braucht er viel, sehr viel Bewegung und zweitens die richtige Tagesration Futter. Gehen die Beaglebesitzer nicht täglich mindesten drei Stunden spazieren, setzt er an. Ein Beagle ist und bleibt ein Laufhund. Bei Regenwetter lange zu laufen, macht wahrlich weniger Spaß, muss aber unbedingt sein. Liegt ein Beagle von 24 Stunden 22 nur herum oder schleicht durch den Garten, langweilt er sich nicht nur, sondern nimmt auch schnell zu. Oft ist es dann auch noch das schlechte Gewissen der Halter, das ihr Hund statt der notwendigen Bewegung mehr Futterbrocken bekommt. Er schaut dann weniger traurig, und das menschliche Gewissen beruhigt sich wieder. Liebe sollte beim Beagle aber nicht nur durch den Magen gehen, sondern aus Bewegung, Spiel und Training bestehen. Und dazu dann das Futter im richtigen Verhältnis. Alles andere ist verantwortungs- und lieblos.

Jeder übergewichtige Beagle leidet irgendwann unter Schmerzen und hat eine verkürzte Lebenserwartung. Herz und Kreislauf werden ständig überlastet und können Leber- und Nierenerkrankungen nach sich ziehen. Dicke Hunde vertragen Sommerwärme nicht gut, weil das Wasserreservoir im Körper sinkt und dafür mehr Fett eingelagert wird. Auf Spaziergängen atmen sie schwer und haben wesentlich weniger Freude daran.

Bei 1 oder 2 Kilogramm zuviel hat der Beagle noch kein gesundheitsschädliches Übergewicht. Wiegt aber zum Beispiel eine Hündin von 38 cm Schulterhöhe statt 11 bis 12 kg nun 16 oder 17 kg, liegt ein beträchtliches Gesundheitsrisiko vor.

Dieses Thema müssen Sie ausführlich mit allen im Haushalt lebenden Personen besprechen, damit Ihr Beagle nicht heimlich gefüttert wird. Reden Sie unbeirrt von Tierquälerei, damit es fruchtet.

Menge, Energieverbrauch, Diät

Die Mengenangaben auf den Futterbeuteln sind meines Erachtens für Beagles immer zu hoch. Ich möchte hier keine genaue Tagesmenge angeben, da sie bei jedem Beagle abweichen kann. Der eine nimmt schneller zu als der andere. Es kommt auf den Energieverbrauch des einzelnen Hundes an.

Fühlen Sie die Rippen des Beagles mit der flachen Hand nur durch ein Polster, ist er zu dick. Zwischen den Vorderläufen tasten Sie seine Brust ab. Ist sie gut griffig, nicht mehr stramm, ist auch dort zu viel des Guten. Wiegen Sie Ihren Beagle 1 x pro Woche, indem Sie zuerst allein, dann mit ihm auf die Waage steigen. Zeigt Ihr Liebling bereits deutliches Übergewicht, erfordert es Ausdauer und Konsequenz, ihn wieder auf Normalgewicht zu bringen. Zunächst muss der Tierarzt Krankheiten ausschließen, die zur Körperfülle führen können. Ist das geklärt, wird er Ihnen Vorschläge für die Diät aufzeigen.

Zusätzlich zur Diät braucht Ihr Hund aber vor allem mehr Bewegung. Waren bis jetzt nur zwei Stunden am Tag für Spaziergänge vorgesehen, müssen es nun mindestens vier Stunden sein. Auch Fahrradtouren sind dienlich und freies Toben mit anderen Hunden.

Gehen Sie nie auf die bettelnden Blicke ein, sondern lenken Sie den Fastenden mit zum Beispiel Zerr- oder Apportierspielen ab. Leckerchen, die als Belohnung gegeben werden müssen, zweigen Sie vorher von der abgewogenen Tagesration ab. Es gibt zusätzlich nichts mehr, auch nicht „nur mal“ einen kleinen Hundekuchen als Ausnahme. Damit würden Sie die Diätzeit nur verlängern.

Rechnen Sie fürs Abnehmen auf jeden Fall mindestens 3 Monate. Am Anfang werden Sie kaum Gewichtsverlust feststellen, aber nach 3 bis 4 Wochen verbuchen Sie die ersten Erfolge. Halten Sie durch und bleiben Sie standhaft.

Als Entschuldigung gilt auch nicht: „Er mag das Diätfutter nicht.“ Wenn er wirklich Hunger hat, wird er fressen – garantiert.

Auch beim normalgewichtigen Hund achten Sie darauf, dass die Leckerchen und Hundekuchen Teil des Ganzen bleiben und nie zusätzlich gegeben werden. Welpen und junge Hunde bekommen zwei bis drei Mahlzeiten täglich, erwachsene können 1 x am Tag gefüttert werden.

Auf genau festgelegte Futterzeiten legte ich dabei keinen Wert. Richten Sie sich hierbei nach Ihrem Tagesablauf.

Der Fressnapf wird nach jeder Mahlzeit gründlich gereinigt. Frisches, nicht zu kaltes Wasser steht immer zur Verfügung, Tag und Nacht. Nehmen Sie nie abgekochtes Wasser. Bekommt ein Hund Trockenfutter, benötigt er die 4fache Menge an Wasser als bei der Fütterung mit Feuchtfutter. Auf zusätzliche Beigaben von Vitaminen und Mineralien verzichtete ich, weil im guten Fertigfutter alles enthalten ist, was Hunde brauchen. Bei zusätzlichen Gaben laufen Sie Gefahr, dass es zu einer Überdosierung kommt.

In den Hundemagen gehören keine Süßigkeiten. Oft sind Magenverstimmungen, Erbrechen und Hautekzeme die Folge.

Beagles ab etwa 8 Jahren verbrauchen weniger Energie als jüngere und brauchen von daher anderes Futter. Der Organismus von älteren Hunden darf nicht überlastet werden. Dazu tragen Futter mit hochverdaulichem Eiweiß und mehr Vitaminen bei. Seniorenfutter wird von fast allen Marken angeboten. In diesem Alter ist es auch besser, die Mahlzeiten auf zwei oder drei zu verteilen, damit Magen und Darm besser arbeiten können. Fehlen irgendwann einmal Zähne, benötigt Ihr Hund weiches Futter.

Achten Sie beim Einkauf des Futters auch immer auf das Verfalldatum, besonders dann, wenn es plötzlich sehr preisgünstig angeboten wird.

Abwechslung bei Diät

Beagles lieben Futterabwechslung sehr. Auch das können Sie ihm während der Diätphase bieten. An zwei Wochentagen wird das Diätfutter weggelassen. Zum Beispiel gibt es stattdessen:

- gekochten, ungewürzten Fisch ohne Gräten mit <u>einer</u> gekochten Salzkartoffel (nicht mehr Kartoffeln, denn Stärke setzt auch an)
- gekochtes, ungewürztes Gemüse mit zerdrückter Salzkartoffel und ein bisschen gekochtes Rinderherz

- geraspelte Möhren mit etwas Distelöl vermengt + 1 Hüttenkäse (rohe Möhren immer mit einem Tropfen Öl mischen)
- 80 – 100 g Rinderhack (kurz anwärmen) + 1 kleine Tasse gekochten Reis, vermischt mit gebratenen Zucchinischeibchen
- 1 Becher Joghurt Magerstufe mit geriebenem Apfel vermengen und dazu 10 gekochte Hühnerherzen
- 150 g gekochtes Suppenhuhn oder Putenfleisch mit etwas Reis vermengen
- 150 g rohes Tartar vom Lamm oder Rind mit Rührei
- 200 g Magerquark mit geriebenem Apfel und etwas Weizenkleie

Haben Sie ihren Beagle schon in den ersten Lebensmonaten an verschiedene Nahrung gewöhnt, wird er gerne zwischendurch Obst fressen. Besonders meine Atlanta nahm als Belohnungshäppchen gerne mal ein Stückchen Apfel, Birne oder Mango.

Diätfutter sollte in zwei bis drei Portionen am Tag aufgeteilt werden, damit der Magen „lernt“, wieder zu schrumpfen.

Was nie in den Hundemagen gehört!

Nahrungsmittel, die uns Menschen gut bekommen, können für Hunde schlimme Folgen haben.

Rohes Eiklar
Es führt zu Verdauungsschwierigkeiten und vernichtet wertvolles Biotin (Vitamin H)

Bohnen
Sie sind in rohem Zustand giftig, gekocht und zerdrückt verträglich.

Weintrauben, Rosinen
Schon 11,6 g Trauben pro Kilogramm Körpergewicht können zu Vergiftungen führen. Rosinen enthalten Giftstoffe in konzentrierter Form und sind noch gefährlicher.
Symptome: Bauchschmerzen, Nierenversagen, Lethargie, Erbrechen, Durchfall, Magenkrämpfe

Milch
Den meisten Hunden fehlt das Enzym Laktase. Sie können den Milchzucker nicht abbauen und bekommen Durchfall. Quark, Hüttenkäse und Buttermilch bereiten keine Probleme, wenn diese Lebensmittel etwas angewärmt gegeben werden.

Zwiebeln, Knoblauch
Große oder regelmäßige kleine Gaben zerstören rote Blutkörperchen.
Symptome: Durchfall, Erbrechen, blasse Schleimhäute, rasender Herzschlag

Nüsse
Sie lösen Anämie (Blutarmut) aus.
Symptome: blasse Schleimhäute, Müdigkeit, Schwäche, Atem- und Kreislaufbeschwerden

Avocado
Der giftige Stoff Persin ist enthalten. Das Herz wird stark geschädigt. Atemnot und Bauchwassersucht können hinzukommen.

Obstkerne
Wenn der Hund sie zerbeißt, kommt er mit Blausäure in Kontakt.
Symptome: starkes Speicheln, Durchfall, Erbrechen, Fieber, Krämpfe bis zum Tod

Rohes Schweinefleisch
Es kann das Aujeszky-Virus enthalten. Für Menschen ungefährlich, für Hunde tödlich.

Schokolade
Der Inhaltsstoff Theobromin ist für Hunde ab einer bestimmten Dosis tödlich. Je mehr Kakao enthalten ist, desto gefährlicher ist Schokolade.
Symptome: Durchfall, Erbrechen, Zittern, Lähmungen, Krämpfe bis zum Tod

Roher Fisch und Muscheln
Das Enzym Thiaminase zerstört beim Hund das Vitamin B1. Gekochter, grätenfreier Fisch ist harmlos.

Gewürze, geräucherte Speisen
Speisen mit Chili, Pfeffer, Paprika und anderen scharfen Gewürzen greifen den Hundemagen schnell an. Oft gesellen sich Hautekzeme hinzu.

Die Rundumversorgung

Lassen Sie sich von Ihrem Tierarzt beraten, was in eine Hausapotheke für Hunde gehört (Fieberthermometer, Vaseline zum Einfetten des Thermometers, gebogene, stumpfe Schere, Zeckenzange, Splitterpinzette u.a.). Sie sollte ihren festen Platz in einem kühlen Raum erhalten. Sprechen Sie mit dem Tierarzt auch über eine geeignete Reiseapotheke. Bei den meisten Beagleclubs, beim VDH und Ihrem Tierarzt können Sie erfragen, wo und wann Erste-Hilfe-Kurse für Hundehalter angeboten werden. In unserem Dorf Habichtswald bietet auch der ASB Kurse an. Das Erlernte gibt Ihnen mehr Sicherheit, wenn es einmal zu einem Unfall kommen sollte. Halten Sie immer die Telefonnummern und Adressen von Tierkliniken bereit, falls Ihr Tierarzt im Notfall nicht erreichbar ist.

Zähne

Das Milchgebiss besteht aus 28 Zähnen, das komplette Gebiss nach dem Zahnwechsel ab dem 5. bis 6. Monat aus 42 Zähnen. Der Beagle besitzt ein Scherengebiss, das heißt, die Schneidezähne des Unterkiefers stehen bei geschlossenem Fang unmittelbar hinter denen des Oberkiefers.

Ist das beim Welpen nicht der Fall, dann muss dies im Wurfabnahmebericht vom Zuchtwart dokumentiert sein. Bitten Sie den Züchter, Ihnen den Gebissschluss bei der Abholung Ihres Welpen zu zeigen.

Meist brechen die bleibenden Fangzähne mit etwa 5 Monaten durch und verdrängen die Milchzähne. Fallen diese nicht von selbst aus, müssen sie vom Tierarzt gezogen werden. Machen Sie sich keine Sorgen, wenn der kleine Beagle seine ausfallenden Milchzähne auffrisst. Es schadet ihm nicht.

Einmal im Jahr schauen Sie nach, ob sich auf den Zähnen am Übergang zum Zahnfleisch ein gelb-bräunlicher Belag (Zahnstein, Plaque) gebildet hat. Zahnstein muss der Tierarzt entfernen. Es gibt auch Zahnpasta und Zahnbürsten für Hunde, aber Zahnstein bildet sich trotz Zähneputzen häufig. Ich muss gestehen, ich schaffte es nicht, meinen Hündinnen damit die hinteren Zähne ausreichend zu putzen. Vielleicht sind Sie erfolgreicher als ich.

Zahnstein sorgt für einen sehr unangenehmen Geruch aus dem Fang und greift nach einiger Zeit das Zahnfleisch an. Wird nichts dagegen unternommen, schiebt sich dieser Belag unter das locker gewordene Zahnfleisch und es kommt zu schmerzhaften Entzündungen. Versuchen Sie bitte nicht, mit Zitronensaft die Zähne zu reinigen. Er würde den Zahnschmelz angreifen.

Ohren

Hunde mit Schlappohren neigen vielmehr zu Ohrentzündungen als Hunde mit Stehohren. Schauen Sie regelmäßig, etwa alle 5 bis 6 Wochen, in die Ohren Ihres Beagles. Sehen Sie Ohrenschmalz in den Ohrmuscheln, müssen Sie die Ohren reinigen. In der äußeren Ohrmuschel können Sie Wattestäbchen verwenden. Dahinter knickt der äußere Gehörgang gerade nach unten ab. Hier dürfen Sie nie mit Wattestäbchen arbeiten, weil Sie sonst die Verschmutzungen nach unten schieben und das Ohr damit verstopfen.

Beim Tierarzt bekommen Sie ein öliges Reinigungsmittel, das ins Ohr geträufelt wird. Dann massieren Sie mit den Fingern von außen den Gehörgang, damit sich der Schmutz innen löst. Der Beagle wird seinen Kopf danach schütteln. Der Dreck landet dadurch zum Teil in der Ohrmuschel und kann mit einem weichen Tuch ausgeputzt werden. Natürlich fliegt auch etwas vom Schmutz durch die Gegend. Überlegen Sie deshalb vorher, wo Sie die Beagleohren säubern wollen.

Von einigen Jägern habe ich gehört, dass sie für die Ohrenreinigung das Waffenöl Ballistol mit Erfolg verwenden. Dieses Uraltrezept ist als Ballistol animal im Zoofachhandel erhältlich. Sie können dieses Öl auch zur Pflege von empfindlicher Haut und der Pfotenflächen einsetzen.

Schüttelt Ihr Beagle plötzlich dauernd den Kopf und kratzt mit der Pfote in Nähe des Ohrs, könnte eine Granne (steife, widerhaarige Borste an Deckspelzen der Gräserblüten) oder Stücke einer Ähre schuld sein. Schnell arbeiten sich diese Teile durch die Widerhaken in Richtung Trommelfell vor und verursachen starke Schmerzen. Hier kann nur der Tierarzt mit besonderen medizinischen Instrumenten helfen. Versuchen Sie es nie im Alleingang.

Augen

Hält der Beagle auf Spaziergängen die Nase am Boden, wirbelt er häufig Dreck und Staub auf, der auch in die Augen gelangen kann. Da der

Beagle eng anliegende Lidränder besitzt, kommt es kaum zu gesundheitlichen Störungen im Auge.

Stellen Sie aber tränende Augen bei ihm fest, nehmen Sie ein sauberes Papiertaschentuch und feuchten es mit warmem Wasser an. Morgens und abends wischen Sie ihm damit die Augen in Richtung Augenwinkel aus und trocknen die Ränder mit einem zweiten Papiertaschentuch ab.

Die Bindehaut kann gereizt werden durch eintretenden Schmutz, aber auch durch heftigen Wind. Bleibt es nicht bei etwas klarem Tränenfluss, sondern tritt gelb-eitriger, dicker Ausfluss zutage, der auch stark juckt, ist die Bindehaut entzündet. Der Hund versucht in diesem Fall ständig, sein Gesicht an Couch oder Decken abzureiben und streicht oft hektisch mit seinen Pfoten über die Augen. Dann muss der Tierarzt aufgesucht werden. Aber das ist nach meiner Erfahrung beim Beagle eher die Ausnahme.

WICHTIG! Experimentieren Sie nicht mit Hausmitteln wie Kamillentee, Kamillenextrakt oder gar Borwasser für Augenspülungen. Damit können Sie die Erkrankung extrem verschlimmern.

Während der Hitze und Trächtigkeitszeiten sah ich bei meinen Hündinnen immer mal tränende Augen. Es war für mich kein Grund zur Sorgen und das tägliche Ausputzen mit warmem Wasser morgens und abends reichte aus. In Zeiten mit anderem Hormonspiegel traten keine tränenden Augen auf.

Obwohl anliegende Lidränder beim Beagle vorhanden sein sollten, kann es vorkommen, dass ein Welpe mit einem Augenproblem geboren wird:

Entropium	Der untere Lidrand ist eingerollt und die Wimpern reiben auf der Hornhaut. Medikamente verschaffen Linderung, heilen aber nicht. Hier ist eine OP notwendig, damit der Hund nicht erblindet.
Ektropium	Es wird auch „offenes Auge“ genannt. Der untere Lidrand hängt herab. Die Bindehaut ist dadurch nicht geschützt und kann sich leicht durch eintretenden Schmutz entzünden. Auch hier hilft nur eine OP.

Achten Sie auf beide Probleme, wenn Sie sich einen Welpen aussuchen. Ich gehe aber davon aus, dass der Züchter Sie von sich aus darauf hinweisen und dieser Augenfehler im Wurfabnahmebericht eingetragen wird.

Gehen Sie auf jeden Fall zum Tierarzt, wenn

- es sich um eitrigen Ausfluss aus dem Auge handelt
- der Beagle häufig am Tag mit den Pfoten über die Augen streicht
- der Beagle sein Gesicht ständig an irgendetwas reibt
- Sie erweiterte Pupillen feststellen und der Hund blinzelt (lichtscheu ist)
- geschwollene Stellen am Auge zu sehen sind
- die Bindehaut stark gerötet ist
  (Herunterziehen des unteren Lids)

Fell

Es ist ein Irrglaube, dass kurzhaarige Hunde kaum haaren. Der Beagle besitzt kurze, anliegende Deckhaare mit kurzem, dichtem Unterhaar. Das Fell ist pflegeleicht. Es wird nie geschnitten, frisiert, gezupft oder mit irgendwelchen Produkten behandelt. Es muss auch nicht annähernd so lange gebürstet werden, wie langhaariges Fell.

Altes Haar fällt aus, wenn neues gewachsen ist. Hunde, die draußen leben, wie zum Beispiel Herdenschutzhunde, haaren nicht so stark wie Hunde, die immer im Wohnbereich leben. Beim Beagle setze ich voraus, dass er mit und in seiner Meute, sprich Familie, lebt und nicht draußen in einem Zwinger. Also stellen Sie sich auf Hundehaare im Haus ein. Schließlich gibt es ja die wirklich praktische Erfindung Staubsauger.

Im Frühjahr und Herbst findet der große, stärkere Haarwechsel statt. Dann muss der Beagle täglich gründlich – immer mit dem Strich – gebürstet werden, sonst reicht es einmal pro Woche. Für Sommer und Winter reicht die handliche Gumminoppenbürste oder die Naturbürste mit Wildschweinborsten. Um Herr über die lockere Unterwolle zu werden, gibt es Edelstahlkämme, die gut in der Hand liegen und leicht zu reinigen sind (FURminator, Trixie, Foolee, Miu u.a. Firmen). Mit diesen Striegeln dringen Sie wesentlich tiefer unter das Deckhaar und müssen den Druck gering halten, um dem Hund nicht weh zu tun. Das übt sich. Diese Kämme sind sehr effektiv und das Bürsten nimmt viel weniger Zeit in Anspruch. Es gibt sie angepasst an die Hundegröße.

Ihren regennassen Beagle trocknen Sie mit alten Handtüchern ab. Nach starken Regengüssen hilft auch zusätzlich Küchenpapier. Trocknen Sie Nierengegend und Kopf besonders gut ab. Danach ist der Hund sauber.

Das Baden eines Beagles ist wirklich nur in großen Ausnahmefällen erforderlich; nämlich dann, wenn er sich voller Inbrunst und Wonne in den fäkalen Hinterlassenschaften von Kuh, Schaf oder Wild gesuhlt hat. Verwenden Sie nie normales Haarshampoo. Es gibt extra Hundeshampoos, die den Säuremantel der Hundehaut nicht angreifen.

Krallen

Läuft Ihr Beagle jede Woche mehrmals über Asphalt wetzen sich die Krallen von allein ab. Die Daumenkrallen müssen aber immer geschnitten werden, da er sonst damit hängenbleiben und sie ausreißen kann. Eine blutige Angelegenheit!

Meine Beagles liefen mehr auf weichen Wegen. Selbst wenn ich mit ihnen auf asphaltierten Feldwegen lief, nutzten sie lieber die Wiesenränder.

Sind die Krallen zu lang, kann der Beagle seine Pfoten nicht mehr richtig aufsetzen. Es verursacht ihm beim Laufen Schmerzen. Die Krallen splittern, wenn Sie eine normale Nagelschere benutzen. Im Zoofachhandel werden scharfe Krallenscheren angeboten. Am besten, Sie lassen es sich vom Tierarzt oder dem Züchter zeigen, wie Sie richtig schneiden, denn Sie dürfen keinesfalls in den durchbluteten „lebenden" Teil hineinschneiden.

Gewöhnen Sie schon den Welpen an diese Prozedur. Setzen Sie ihn neben sich auf die Couch, nehmen vorsichtig eine Pfote in die Hand, sprechen beruhigend mit ihm und schneiden eine oder zwei Krallen. Dann gibt es Lob und Lecker. Am Tag darauf sind die nächsten zwei Krallen dran. Nach ein paar Wochen können Sie sich jeden Tag eine Pfote vornehmen und nach der Pubertät ist er spätestens so weit, dass Sie alle vier Pfoten auf einmal bearbeiten können.

Analdrüsen

Nahe am After, am Ende des Darms, sitzen die Analdrüsen (Duftdrüsen). Es sind kleine Beutel, gefüllt mit einer für Menschen übel riechenden Flüssigkeit. Davon befinden sich immer ein paar Tropfen im Kot, wenn der Hund sich löst. Dieser Duft ist für Hunde ein wichtiger Kommunikationsfaktor.

Durch falsche Fütterung oder andere Ursachen kann der Kot zu weich sein, um die Analdrüsen ausdrücken zu können. Die Flüssigkeit verdickt sich und kann nicht mehr nach außen abgeführt werden. Der Hund leidet Schmerzen, leckt sich häufig am After, rutscht auf dem Po (Schlittenfahren genannt) und schnappt sich ins Hinterbein. Der Tierarzt muss hinzugezogen werden. Würde nichts dagegen getan, kommt es zu Entzündungen und Schwellungen.

Flöhe

Durch häufigen Kontakt mit anderen Hunden oder der Begegnung mit Igeln kann sich Ihr Hund Flöhe einfangen. Extremer Juckreiz ist die Folge und eventuell treten Krankheiten dadurch auf. Die Flöhe bleiben aber nicht auf dem Hund, sondern benutzen ihn nur als Wirt. In der übrigen Zeit verkriechen sie sich überall in der Umgebung, in Polstermöbeln, hinter Schrankwänden, in Stuhlritzen. Sie springen auch auf Menschen über, verlassen sie aber nach kurzer Zeit wieder, meist ohne zu beißen.

Mit einem speziellen engzahnigen Flohkamm gehen Sie mit dem Strich durchs Fell. Finden sich auf dem Kamm kleine schwarze Krümel, dann ist es meist Flohkot. Es gibt genügend Mittel, die Flohbefall ausschließen und beim Tierarzt erhältlich sind. Folge: Der Floh beißt den Hund, nimmt dabei das Mittel auf und ist „kastriert“. Er kann sich nicht mehr fortpflanzen und ausbreiten.

Von Flohhalsbändern halte ich nichts. Ich benutzte sie anfangs für Tracy und Atlanta, habe sie aber nach ständig tränenden Augen und wegen des unangenehmen Geruchs wieder abgeschafft.

Zecken

Zecken (Holzbock) treten im Frühjahr, Sommer und Herbst auf. Sie sitzen überall in der Natur, in manchen Gebieten mehr, in anderen weniger.

Jeden Tag schauen Sie sich mindestens zwei Mal den gesamten Körper Ihres Beagles an und tasten ihn ab. Zecken ernähren sich vom Blut des Wirts und übertragen auf diesem Weg etliche Krankheiten. In der Ortschaft Lyme im US-Bundesstaat Connecticut bekamen erstmals Menschen durch Zecken eine Krankheit, die von Bakteriologen dann Lyme-Krankheit genannt wurde.

Der Erreger gehört zur Familie der Borrelien. Nicht jede Zecke beherbergt Borrelien in sich und so hat nicht jeder Biss diese Krankheit zur Folge. Auch muss die Zecke erst Gelegenheit haben, einige Stunden Blut zu saugen, bevor sie Borrelien übertragen kann. Also ist es sehr wichtig, oft genug beim Hund nachzuschauen und die Zecken früh zu entfernen. Hierzu benötigen Sie eine Zeckenzange. Drehen Sie die Zecke gleichmäßig heraus, ohne an ihr zu rupfen. Der Kopf der Zecke *muss* mit heraus. Bleibt er stecken, entzündet sich die Stelle. Nehmen Sie nie Öl, Petroleum oder Ähnliches, um die Zecke vor dem Ausdrehen zu bepinseln. In diesem Fall sondert sie ein Sekret ab, welches auch zu Entzündungen führt.

Achten Sie auf die Hautrötung, die die Zecke verursacht hat. Beim kurzen Beaglefell ist das nicht schwierig. Breitet sich die Rötung aus, suchen Sie einen Tierarzt auf. Es könnte sein, dass sich damit Borreliose ankündigt. Symptome: Gelenkentzündungen, Lahmheiten.

Gewöhnen Sie den Welpen und Junghund früh daran, dass er sich am ganzen Körper anfassen lässt. Streichen Sie mit den Händen immer wieder über die eine und andere Region. Lassen Sie keine aus. Drücken Sie mal hier, mal dort ein wenig. Er muss sich daran gewöhnen, ruhig liegen zu bleiben und alles über sich ergehen zu lassen. Loben Sie ihn außerordentlich dafür. Macht er diese Lernphase nicht durch, wird es im Erwachsenenalter schwierig für Sie, falls er krank wird und von Ihnen behandelt werden muss.

Wurmkuren

Meine Welpen entwurmte ich 4 x vor Abgabe. Danach musste die Wurmkur von den Besitzern in der 12. Woche und weiter jedes halbe Jahr durchgeführt werden. Die Paste oder Tabletten erhalten Sie beim Tierarzt. Vermischt mit etwas Leckerem wird auch Ihr Beagle mühelos die Kur mitmachen.

Eine Kotuntersuchung beim Tierarzt auf Wurmbefall bringt nur zum Vorschein, ob im Kot Würmer oder Wurmeier vorhanden sind. Das sagt nichts über die Parasitenfreiheit im Darm aus. Deswegen rate ich auch bei negativem Befund der Kotuntersuchung zu regelmäßigem Entwurmen. Spul-, Peitschen- und Hakenwürmer können beim Hund hervorrufen: glanzloses Fell, Erbrechen, rutschen auf dem Po, Durchfälle (auch blutig), Bronchitis, Lungenentzündung.

Es gibt viele verschiedene Bandwurmarten. Einige davon befallen auch Menschen. Der Bandwurm besteht aus einem Kopf und anhängenden Körpergliedern (Proglottiden). Diese Proglottiden werden immer wieder ausgeschieden und bilden sich neu im Darm. Rutscht der Hund auf dem Po, muss der Tierarzt eine Kotuntersuchung vornehmen und zwei Dinge feststellen: Handelt es sich um Bandwürmer und welche Bandwurmart ist es? Daraufhin gibt er ein genau darauf abgestimmtes Medikament. Die meisten Wurmkuren helfen leider nicht vorbeugend gegen Bandwürmer.

Wurmkuren und Impfungen trennen Sie zeitlich voneinander. Es ist zu belastend für den Organismus, wenn er beides innerhalb von 5 Tagen verkraften muss.

Wann unbedingt zum Tierarzt?

Benimmt Ihr Beagle sich einmal nicht wie gewohnt, rührt sein Fressen nicht an oder trinkt viel zu häufig, ist apathisch, unlustig oder winselt, messen Sie zunächst seine Temperatur. Dafür fetten Sie die Spitze des Thermometers dünn mit Vaseline ein, heben mit einer Hand die Rute hoch, halten an der Schwanzwurzel fest und führen mit der anderen Hand das Thermometer leicht drehend in den Enddarm ein. Es muss mehr als nur die silberne Spitze hineingeschoben werden, weil sonst der Messwert nicht stimmt. Sind Sie unsicher, lassen Sie sich die Handhabung vom Tierarzt zeigen.

Die Normaltemperatur liegt bei Hunden zwischen 37,5 und 38,8 Grad Celsius. Erhalten Sie einen Wert, der darüber oder darunter liegt, suchen Sie sofort einen Tierarzt auf.

Hier einige Anzeichen, die mehr als eine kleine Unpässlichkeit vermuten lassen:

- starker Mundgeruch
- Veränderung der Farbe der Schleimhäute im Fang auf weiß oder blassrosa (normal ist rot). Drücken Sie mit dem Finger auf die Schleimhaut und schauen Sie, ob das Rot sofort wiederkommt oder die Stelle blass bleibt
- prüfen Sie die Hautelastizität
  Ziehen Sie an der Schulter eine Hautfalte hoch und achten Sie darauf, ob sie sofort wieder glatt wird. Bleibt die Falte stehen, ist es ein Alarmzeichen
- häufiges Husten
- Verletzungen, Wunden, Lahmheiten
- Verstopfung
- Durchfall, wenn er länger als 12 Stunden anhält

- Blut in Kot oder Urin
- harter oder schmerzhafter Bauch
- Schiefhalten des Kopfes
- häufiges Erbrechen
- erhöhte Temperatur oder Untertemperatur
- Wenn sich der Beagle eine Kralle ausgerissen hat
- häufiges Kopfschütteln
- häufiges Belecken des Genitalbereichs
- häufiges Urinieren (nicht mit Markieren verwechseln)
- eine auffällig vergrößerte Vulva außerhalb der Läufigkeiten
- übelriechender Vaginalausfluss

Diese Angaben sind lediglich Anhaltspunkte. Wenn Sie Zweifel haben, ob es Ihrem Beagle gut geht, dann gehen Sie lieber einmal zu viel als ein einziges Mal zu wenig zum Tierarzt.

Hunde erbrechen zuweilen, ohne ernsthaft krank zu sein. Vielleicht hat Ihr Beagle nur zu hastig gefressen und nimmt das Erbrochene noch einmal in Ruhe auf. Hindern Sie ihn nicht daran. Alles ist in Ordnung. Legen Sie hierbei andere Maßstäbe an als beim Menschen.

Handelt es sich aber um tägliches oder häufiges Erbrechen, muss der Beagle zur Untersuchung. Nehmen Sie in diesem Fall etwas vom Erbrochenen für die Laboruntersuchung mit.

Impfungen

Welpen werden schon beim Züchter geimpft, meistens in der 5./6. und 8. Woche. In der 12. und 16. Woche ließen meine Welpenkäufer nachimpfen, um vollen Schutz für den Welpen zu erlangen. Die Auffrischimpfungen erfolgen 1 x jährlich. Ihr Tierarzt wird Ihnen sein Impfschema erklären. Sprechen Sie auch mit Ihrem Züchter darüber. Manche Tierärzte impfen jedes Jahr SHPPL + T (die „große“ Impfung), manche impfen S + H nur alle zwei Jahre, aber PPL + T jedes Jahr. Nachfolgend erkläre ich die Impfkürzel und beschreibe kurz die Krankheiten, denen der Hund ohne Impfungen ausgesetzt wäre.

SHPPL + T:	Staupe - Hepatitis – Parvovirose – Parainfluenza – Leptospirose - Tollwut
Staupe:	eine ansteckende, fieberhafte Virusinfektion, die über die ganze Welt verbreitet ist. Diese Erkrankung ist in

jedem Alter möglich, aber besonders häufig bei jungen Tieren. Die Inkubationszeit liegt bei zwei bis sechs Tagen.
Symptome: hohes Fieber bis 41 Grad Celsius, auffallend große Mattigkeit, Appetitlosigkeit, wässriger Nasen- und Augenausfluss mit Bindehautentzündung, Schluckbeschwerden.
Nach 1 bis 7 fieberfreien Tagen und scheinbarer Besserung, treten die genannten Symptome wieder auf mit zusätzlichem Erbrechen, Durchfall, blutigem Urin und aufgekrümmtem Rücken.
Wieder tritt eine scheinbare Erholungspause ein, bis nach etwa 3 Wochen Bewegungsstörungen, Krämpfe, Lahmheit und Tod folgen. Eine Heilung ist nur im ersten Stadium aussichtsreich. Das Virus kann in der Umwelt einige Zeit überstehen und nicht nur von Hund zu Hund, sondern auch von Hund zu Mensch übertragen werde.

Hepatitis: eine fieberhafte Allgemeinerkrankung, die mit einer Leberentzündung verbunden ist. Diese Viruserkrankung gibt es weltweit, vor allem bei Junghunden. Die Inkubationszeit liegt zwischen 4 und 9 Tagen.

Symptome: ähnlich der Staupe, zusätzlich verbunden mit gelblichen Schleimhäuten, Bauchschmerzen und manchmal Schwellungen an Kopf und Unterbrust.

Parvovirose: wird hervorgerufen von einem sehr kleinen, äußerst widerstandfähigen Virus. Es behält seine krankmachenden Eigenschaften in der Umwelt über Monate. Gefährdet sind Tiere in jedem Alter, Welpen von 2 bis 12 Wochen aber besonders.

Symptome: Bei Welpen äußert sich diese Krankheit mit rasch verlaufender Herzmuskelentzündung, auffälliger Apathie und führt innerhalb weniger Stunden zum Tod. Ältere Tiere erkranken an starkem Durchfall und Erbrechen (Kotbrechen). Teilweise ist der Durchfall blutig mit stechendem, süßlichem Geruch. Die Hautelastizität ist stark herabgesetzt. Bei den Hunden stellt sich eine hochgradige Hinfälligkeit ein, eventuell auch Fieber, bis zum Tod durch Kreislaufversagen.

Parainfluenza: auch als Zwingerhusten bekannt. Hierfür kommen mehrere Erreger, Bakterien und Viren, in Betracht. Alle Arten von Zwingerhusten können nicht durch eine Impfung ausgeschlossen werden. Die Parainfluenza befällt Tiere jeden Alters, aber besonders ältere Welpen und stark belastete erwachsene Hunde. Die Inkubationszeit beträgt 4 bis 10 Tage.

Symptome: Rachenentzündung, Bronchitis, harter, trockener Husten, manchmal mit Brechreiz. Bei rascher Behandlung hält sich die Sterblichkeitsrate gering.

Leptospirose: weltweit verbreitete Krankheit, verschiedene Erregertypen, unterschiedliche Krankheitsbilder
Diese Krankheit ist für Menschen (Weilsche Krankheit) und Tiere gleichermaßen gefährlich. Die Inkubationszeit liegt zwischen 5 und 20 Tagen.

Symptome: meist Müdigkeit, häufig Schwäche der Hinterhand, etwas erhöhte Temperatur, kleine Blutungen und Gelbfärbung an den Schleimhäuten, Durchfall, Erbrechen, manchmal Geschwüre an der Zunge, urinartiger Mundgeruch, anhaltender Magen-Darm-Katarrh, Abmagerung, mangelnde Hautelastizität.
Diese Krankheit ist meldepflichtig!

Tollwut: akute Viruserkrankung mit tödlichem Verlauf. Das zentrale Nervensystem erkrankt. Tollwut ist gefährlich für Mensch und Tier und weltweit verbreitet. Hunde können sie in jedem Alter bekommen. Die Inkubationszeit variiert zwischen einer Woche und mehreren Monaten.

Symptome bei stiller Wut: traniger, teilnahmsloser Blick, erschlaffender Unterkiefer, manchmal Speichelfluss, Tod durch allgemeine Lähmung.

<u>Symptome bei rasender Wut:</u> große Unruhe, bellen und beißen, Futterverweigerung, wütendes Zerbeißen von Gegenständen, fortschreitende Lähmungen, die sich meist am Kopf zuerst zeigen. Oft endet diese Wut bei Mensch und Tier tödlich. Sie ist beim zuständigen Gesundheitsamt anzeigepflichtig.
Für Reisen ins Ausland ist eine Tollwutimpfung zwingend erforderlich.

Ausstellungen

Routine für öffentliche Auftritte

Vielleicht sagt Ihnen der Züchter, dass Ihr Welpe vielversprechend aussieht und ab dem 9. Monat in der Jugendklasse ausgestellt werden sollte. Unter Umständen haben auch Sie Freude an diesem interessanten Hobby. Im Alter von 8 Wochen ist es allerdings noch nicht so genau vorherzusagen, ob der Welpe mit 9 Monaten wirklich gut genug sein wird.

Ich war mir bei manchen Welpen fast sicher. Doch schaute ich sie mir im Ausstellungsalter noch einmal kritisch an, musste ich feststellen, hier und da hatte ich recht behalten, aber bei manchem Nachwuchs erfüllte sich meine Erwartung nicht. Einige wurden etwas zu groß, bei anderen waren Ohren oder Rute nicht hundertprozentig richtig angesetzt. Diese Kleinigkeiten reichen für schlechte Bewertungen, obwohl Sie selbst dies kaum wahrnehmen werden.

Ausstellungen sind für Züchter sehr wichtig. Dort haben sie die Möglichkeit, Zuchthunde und deren Nachwuchs nebeneinander zu sehen. Natürlich wählt ein guter Züchter einen Deckrüden nicht nur nach dem Phänotyp (äußeres Erscheinungsbild) aus, sondern vorrangig nach dem Genotyp (Vererbung/Gesamtheit der Erbfaktoren eines Lebewesens). In den Clubs gibt es zahlreiche detaillierte Zuchtdateien, mit denen gearbeitet wird. Trotzdem ist die körperliche Korrektheit selbstverständlich in der Zucht mit entscheidend. Da ein Züchter aber nicht ständig durch ganz Deutschland oder gar Europa reisen kann, um sich ein Bild von passenden Deckrüden und deren Nachwuchs machen zu können, bleiben ihm im Wesentlichen die Ausstellungen. Hier kann er sich auch rege mit verschiedenen Züchtern austauschen.

Hat ein Züchter das große Glück, in Würfen vorzügliche Nachzucht zu haben, möchte er diese zweifellos auf Ausstellungen zeigen. Deshalb verwerfen Sie bitte nicht von Anfang an diesen Gedanken. Auch wenn Sie nicht selbst mit Ihrem Rüden oder Ihrer Hündin züchten wollen, so wird durchs Ausstellen Ihres Beagles das Zuchtgeschehen erkennbarer. Das sollten Sie unterstützen, wenn Ihnen daran liegt, dass weiterhin gesunde, schöne Beagles auf die Welt kommen sollen. Sie und andere Welpenkäufer können mithelfen, ein komplettes Bild über bestimmte Zuchthunde zu bekommen. Womöglich macht es Ihnen auch viel Freude, Ihren schönen Hund zu zeigen, sich auf Ausstellungen mit anderen Beaglern zu unterhalten und sie kennenzulernen.

Bevor Sie selbst ausstellen, besuchen Sie zwei, drei Schauen, um zu sehen, wie diese ablaufen. Beagles werden in der FCI-Gruppe 6 – Lauf- und Schweißhunde – ausgestellt.

Das Richten beginnt auf großen Schauen zwischen 9.00 und 10.00 Uhr. Falls Sie erst mittags dort erscheinen, entgeht Ihnen das Wichtigste. Nehmen Sie Ihren jungen Beagle mit, damit er sich frühzeitig an den Rummel gewöhnt. Die Reizüberflutung durch hunderte von Artgenossen, der Menschenmassen und der Beschallung ist groß und bedarf der Anpassung. Vergessen Sie den Impfpass nicht. Der Amtstierarzt am Halleneingang lässt Sie sonst nicht hinein. Außerdem darf natürlich keine läufige Hündin in die Halle. Sie würde sämtliche Rüden irritieren, und Ihnen wäre der Ärger mit deren Besitzern gewiss.

Beobachten Sie den Ablauf im Ausstellungsring genau. Stellen Sie Ausstellern Fragen zu dem Geschehen. Beagles, die ausgestellt werden sollen, müssen von früh an gut dafür trainiert werden. Wenn ein Richter das Gangwerk des Hundes beurteilen soll, ist es ihm nicht zuzumuten, wenn dieser durch den Ring hüpft. Das kann er nur, wenn der Beagle zügig und gleichmäßig „Fuß“ läuft. Die andere Übung ist „Steh“. Der Beagle muss drei bis fünf Minuten vollkommen ruhig auf dem Ausstellungstisch stehen und sich dabei vom Richter anfassen lassen, ohne zurückzuweichen. Wie sonst soll der Richter beurteilen können, ob die Schultern richtig gelagert, die Hoden abgestiegen sind und das Gebiss in Ordnung ist. Es geht hier nicht um Schönheit, sondern um die Korrektheit der Hunde.

Training mit Vorführleine

Wenn Sie noch unsicher sind, ob Sie in ein paar Monaten ausstellen wollen oder nicht, trainieren Sie trotzdem schon dafür. Es bietet Ihnen und Ihrem Beagle Abwechslung. Schaden tut es nie! Auch beim Tierarzt ist es sehr viel angenehmer, wenn Ihr Beagle ruhig auf dem Behandlungstisch steht, sich überall anfassen und in den Fang sehen lässt.

Nehmen Sie das Ringtraining ab der 12. Woche jeden zweiten Tag mit ins Programm. Meine Hündinnen liebten es geradezu und kamen wedelnd zum Ausstellungstisch. Und darauf kommt es an. Richter und Zuschauer müssen sehen, dass der Schnüffler mit Freude dabei ist. Er soll fröhlich mit hocherhobener Rute durch den Ring laufen.

Sie müssen sich aber nicht unbedingt einen Ausstellungstisch kaufen. Auch auf einem anderen Tisch mit rutschfester Unterlage oder auf einem Bügelbrett gelingen die Übungen.

Die Übung „Fuß" lernt Ihr Hund schon beim alltäglichen Training. Für die Ausstellung gewöhnen Sie ihn dabei zusätzlich an eine Vorführleine. Es handelt sich um eine sehr dünne Leine mit Schlaufe, die locker um den Hals gelegt wird. Der Richter kann die Halslinie des Beagles besser begutachten, wenn kein breites Halsband im Weg ist. Mit dieser Leine kommt jeder Beagle vorteilhafter zur Geltung.

Diese Leine muss locker gehalten werden und durchhängen. Zieht der Hund in diese dünne Leine, fügt er sich im Ohrbereich Schmerzen zu, da die Gehörgänge gerade nach unten gehen und die Schlaufe meist auf den Enden der Gehörgänge liegt. Dort darf kein Druck ausgeübt werden.

Üben Sie konsequent „Fuß" im Kreis, im Dreieck und in gerade Linie auf und ab. Schauen Sie, welches Tempo Sie angehen müssen, damit Ihr Beagle bestmöglich neben Ihnen traben kann. Das ist individuell verschieden. Sprechen Sie dabei lobend mit ihm, auch wenn er es noch nicht wie ein Profi macht. Es baut ihn auf und er wird jeden Tag freudiger neben Ihnen laufen.

Zieht er in die Vorführleine, bleiben Sie sofort stehen, sagen „Nein", und klopfen wieder mit der Hand an den Schenkel „Hier". Sobald er locker lässt, sofort wieder loben und weiter geht's. Zuerst geben Sie Leckerchen schon nach ein paar Metern. Nach und nach reicht die lobende Stimme und es gibt nur beim Abschluss der Übung eine leckere Belohnung.

Trainieren Sie dieses Laufen auf wechselnden Untergründen; mal auf Gras, mal auf Asphalt, mal auf Terrassenplatten. Landesgruppenausstellungen finden häufig im Freien statt und der Beagle muss auf trockner wie auf nasser Wiese problemlos laufen. Die internationalen Schauen werden in großen Messehallen ausgetragen. Dort gibt es im Ring entweder Streifen aus Teppichboden oder Betonböden.

„Steh" üben Sie auf dem Tisch und auf dem Fußboden. Auf dem Boden wechseln Sie wieder zwischen verschiedenen Untergründen ab. Stellen Sie den jungen Hund jeden zweiten Tag auf den Tisch und sagen: „Becky, steh." Halten Sie die Hand mit leicht bewegenden Fingern in seiner Nasenhöhe. Er darf das Kommando nicht mit „Sitz" verwechseln. Wenn Sie Ihre Finger dabei etwas aneinander reiben, hat es den Vorteil, dass Ihr Beagle seinen Blick darauf richten wird. Nur wenn er den Kopf etwas gestreckt gerade nach vorne hält, kommt er als Ganzes richtig zur Geltung. Schaut er nach oben, nach rechts oder links, ist die Halslinie nicht optimal zu sehen.

Anfangs loben Sie ihn schon, wenn er einen Moment auf dem Tisch still steht. Diese Zeit wird über Wochen verteilt verlängert. Im Internet können Sie auf Züchterseiten wunderbare Fotos von Welpen sehen, die vorbildlich hingestellt werden und natürlich auch Ausstellungsbilder von erwachsenen Hunden. Steht Ihr Beagle ruhig, beginnen Sie damit, ihn korrekt hinzustellen. Fassen Sie mit beiden Händen von oben die Schultern, heben ihn vorne kurz an (nur wenig) und stellen ihn langsam hin. Dadurch stehen die Vorderbeine gerade und parallel unter dem Hund. Dann wieder die Hand in Nasenhöhe und „Becky, steh“. Sitzt das gründlich, richten Sie die Hinterhand etwas nach hinten aus, erst den einen, dann den anderen Fuß, damit die Winkelung und die gerade Oberlinie gut zu sehen ist. Der Mittelfuß muss dabei gerade stehen, nicht schräg nach hinten. Der Beagle darf nicht auf Zehenspitzen stehen. Die Pfote muss voll aufsetzen.

Ist das geschafft, achten Sie darauf, dass die Rute nach oben zeigt. Sie dürfen Sie mit den Fingerspitzen anhalten. Zehn Tage vor einer Ausstellung trainierte ich das Laufen und Stehen täglich. Den Tisch stellte ich vor einen Spiegel. So sah ich genau, wie ich meine Hündin am besten präsentieren konnte.

Ich finde es sehr schade, wenn vorzügliche Beagles durch schlechtes Ringtraining eine schwache Bewertung erhalten. Manche werden springend gezeigt und stehen mit krummem Rücken auf dem Ausstellungstisch. Da muss ein Richter schon sehr genau hinschauen, will er die Vorzüge des Hundes erkennen. Und die Zeit hat er meistens nicht.

Konfrontieren Sie Ihren Hund immer wieder mit Übungen, sobald Besuch bei Ihnen weilt. Bringen Sie ihn in Standposition und lassen Sie den Gast den Fang öffnen, die Zähne anschauen und ihn am ganzen Körper abtasten. Dann akzeptiert Ihr Beagle die vielen verschiedenen Richter sicher leichter. Sie sehen, es kommt viel Neues auf Sie zu. Ihr Alltag wird durch neue Aufgaben mit dem Partner Beagle bereichert. Freuen Sie sich darauf!

Die Ausrüstung auf Ausstellungen

Klappkäfig – Vetbed – Vorführleine – Wasser – Wassernapf - Belohnungs-Leckerchen – Impfpass – Ahnentafel – Meldebestätigung – Beaglepin (Anstecknadel, um die Startnummer an Ihrer Kleidung befestigen zu können) – Handtücher (falls es auf dem Weg vom Parkplatz zur Halle regnet) – Bürste

Es gibt Schöneres als einen Beagle

- zwei Beagles

Der Meutehund Beagle wird es sehr begrüßen, wenn er einen Kumpel bekommt, mit dem er sein Zuhause teilen kann. Sie können Ihrem einzelnen Beagle einiges bieten, aber nicht das Spielen, Toben, Rennen im Garten, wie es zwei Beagles miteinander voller Power tun. Haben Sie das einmal beobachten können, wird schnell der Wunsch nach einem zweiten Schnüffler aufkommen.

Es vereinfacht die Hundehaltung im Großen und Ganzen enorm. Lebt ein Beagle allein mit Ihnen, wird er oft am Tag an Ihren Fersen kleben und Sie zu Aktivitäten auffordern. Beagles sind Energiebündel und viele von ihnen beschäftigen sich kaum einmal allein. Sie buddeln ab und zu Löcher im Garten, vergnügen sich dann und wann mit einem Kauknochen und schauen manchmal am Zaun, wer vorbeikommt. Ansonsten liegen sie herum und warten darauf, endlich bespaßt zu werden. Bei zwei Beagles erledigt sich das von selbst. Sie beschäftigen sich prima miteinander. Jetzt ist ihr Rudel wirklich komplett.

Reift dieser Gedanke in Ihnen heran, überlegen Sie es zur richtigen Zeit. Nehmen Sie erst den zweiten Hund, wenn Ihr erster schon zu alt ist, fällt wieder nur Ihnen die Aufgabe zu, beide zu beschäftigen. Der junge Beagle wird den älteren dutzendfach am Tag zum Spielen auffordern, aber meistens auf Ablehnung stoßen.

Als meine erste Hündin Sally neun Monate bei uns war, kam Welpe Tracy dazu. Es war einfach nur schön! Sie vergnügten sich viele Stunden gemeinsam und lagen eng aneinander gekuschelt im Sessel. Die eine suchte immer die Gesellschaft der anderen. Sie genossen die hundliche Zweisamkeit sichtlich. Streit kannten sie nicht. Hunde können sich gegenseitig viel geben, was uns Menschen, bei aller Liebe zu ihnen, nie möglich sein wird.

Kaufen Sie aber nie zwei Welpen gleichzeitig. Es kann gut gehen, muss aber nicht. Auch wenn es sich um Wurfgeschwister handelt, kann es passieren, dass es gegen Ende der Pubertät beziehungsweise beim Zusteuern auf die erste Hitze zu Rivalitäten kommt. Plötzlich will jeder der oder die Erste im Rang sein. Es kommt zu heftigen Auseinandersetzungen, bisweilen auch zu blutigen. Möglich ist, dass Sie die Wogen nicht glätten können und sich von einem Hund trennen müssen. Diese

Trennung würde nicht nur Sie, sondern auch den Beagle, der sein Zuhause, seine Meute verliert, seelisch schwer belasten. Deshalb rate ich dazu, erst mit einem Beagle anzufangen. Bringen Sie ihm mit Ruhe alles bei, was er lernen soll. Bei zwei jungen Beagles gleichzeitig hätten Sie dafür nie die Zeit und Ruhe, weil der eine genau dasselbe zur gleichen Zeit von Ihnen erwartet wie der andere. Auf diesen Stress verzichten Sie besser.

Ist Ihr erster Beagle ausgebildet, kommt der richtige Zeitpunkt. Er ist nun zwischen ein und drei Jahren alt. Zieht nun ein Welpe ein, wird der erwachsene Hund ihn mit großer Freude aufnehmen. Der Rang ist von Anfang an klar, der Altersunterschied stimmt, und es gibt Begeisterung auf beiden Seiten.

Aber auch Sie müssen den Rangunterschied zwischen beiden zu jeder Zeit beachten. Der Große behält seinen Platz Nummer 1. Machen Sie nicht den Fehler, dauernd nur mit dem Welpen zu schmusen, mehr mit ihm zu spielen oder öfter mit ihm zu trainieren. Zuerst ist *immer* Nr. 1 an der Reihe. Er wird an erster Stelle begrüßt, ist bei einer Übung zuerst dran, wird auch weiterhin gekrault und bekommt bei der Fütterung seinen Napf vorab hingestellt. Erst zwei Sekunden später bekommt der Kleine sein Futter. Trennen Sie die Hunde auch beim Fressen nie räumlich. Der Kleine lernt bald durch Zurechtweisung des Älteren, dass er nicht an dessen Napf heran darf. Falls dieser ihn aber nicht wegknurrt, müssen Sie den Welpen zurücknehmen. Er soll nicht zusätzlich Erwachsenenfutter fressen.

Schreiten Sie nie ein, wenn der Große den Kleinen mit lautem Knurren zur Ordnung ruft oder sich auf ihn stürzt. Es passiert nichts, was dem Kleinen schaden könnte, auch wenn es sich noch so dramatisch darstellt. Hunde „reden“ und „schimpfen“ nun einmal anders miteinander als Menschen. Natürlich sieht der Große seine Aufgabe darin, den Kleinen zu erziehen, sich bei ihm Respekt zu verschaffen. Und er hat recht!

Auf Spaziergängen ist es nur eine Sache der Gewohnheit, zwei Rollleinen statt einer zu handhaben. Für Koppeln kann ich mich nicht begeistern. Sie beschränken das Lauf-, Schnupper- und Lösebedürfnis zu sehr. In den ersten Monaten läuft der Kleine ja meistens sowieso noch ohne Leine und später können Sie vielleicht abwechselnd mal den einen, mal den anderen frei laufen lassen. Zwei Beagles gleichzeitig habe ich nie von der Leine gelassen, denn gemeinsam planen sie auf jeden Fall einen Ausflug.

Bis auch Nr. 2 erwachsen ist, machen Sie mehrere kürzere Spaziergänge am Tag mit beiden, aber auch ab und zu nur einen Gang mit dem Welpen allein. Er soll sich nicht nur an dem erwachsenen Beagle orientieren. Es könnte sein, dass er sonst später unsicher reagiert, wenn er ohne ihn unterwegs ist. Probieren Sie mit dem jungen Hund allein auf Spaziergängen, ob er das „Hierhin“ beachtet oder bei einer Fährte total ignoriert.

Beagles können mit gleichgeschlechtlichen Artgenossen ohne Disharmonie zusammenleben. Haben Sie einen Rüden, nehmen Sie ruhig wieder einen Rüden dazu. Bei Hündinnen gilt das ebenso. Möchten Sie zu Ihrem Rüden lieber eine Hündin nehmen oder umgekehrt, denken Sie an die Läufigkeitszeiten. In diesen Wochen müssen die beiden getrennt werden. Ist das für Sie und die Beagles möglich und erträglich? Wie ich über Kastrationen denke, haben Sie in dem Kapitel „Die heiße Phase“ gelesen.

Weiteres über den Umgang und das Training mit mehreren Beagles lesen Sie in meinem Buch „Beaglepower“.

*****

Haben Sie über alles besonnen nachgedacht und geredet, steht dem Familienzuwachs nichts mehr im Weg. Ich wünsche Ihnen die Begeisterung und das Glücksgefühl mit Ihrem(n) Liebling(en), wie ich es bei dem Zusammenleben mit meinen Beagles empfand.

Erinnerung

Heute lebe ich nach vielen Jahrzehnten ohne Hund. Nachdem ich 2011 innerhalb von nur 20 Tagen meine beiden letzten Beaglehündinnen, Becky und Genesis, habe sterben sehen, hätte ich diesen schweren Weg nicht noch einmal gehen können.

Es bleibt mir aber die tägliche, liebevolle Erinnerung an viele schöne Jahre mit ihnen, an die langen Wanderungen, die Spiel- und Kuschelzeiten, die kuriosen Erlebnisse und die Urlaube. Meine Schnüffler haben mir unendlich viel gegeben und dafür bin ich sehr dankbar!

Ich denke in Liebe an all die Vierbeiner, die inzwischen über den Regenbogen gelaufen sind:

Boxerhündin Alpha
Schäferhundrüde Arri
Mischlingshündin Asta
Mischlingsrüde Teddy
Beaglehündinnen: Sally, Tracy, Atlanta, Becky, Genesis, Icon und India

Quellenhinweise

Eric H.W. Aldington/Friederun Stockmann
Vom Körperbau des Hundes

Michael Tandler/Jürgen Herbst
Bracken im jagdlichen Einsatz

Celina del Amo
Spielschule für Hunde

Eberhard Trumler
Mensch und Hund
Das Jahr des Hundes
Der schwierige Hund
Hunde ernst genommen
Mit dem Hund auf du

Günther Bloch
Der Wolf im Hundepelz

Dr. Dorit Feddersen-Petersen
Hunde und ihre Menschen

Gudrun Feltmann von Schroeder
Hund und Mensch im Zwiegespräch

Heiko Gebhardt/Gerd Haucke
Die Sache mit dem Hund

Gerd Ludwig
Mit dem Hund spielen und trainieren

Dr. med.vet. Elisabeth Venzl
Verhaltensentwicklung und Wesensmerkmale bei der Hunderasse Beagle

Dr. Roger Mugford
Hundeerziehung 2000

Heinz Weidt/Dina Berlowitz
Das Wesen des Hundes

Dr. med.vet. Doris Quinten
Gesundheitsratgeber Hunde

Wilcox und Walkowicz
Kynos Atlas Hunderassen der Welt

Anita und Wolfgang Schneider
Hundekrankheiten

Dr. Erik Zimen
Der Hund

Weitere Quellen:
Tierklinik Dr. med.vet. W. Doering, Kassel
Hunde-Akademie Perdita Lübbe-Scheuermann
Hundeschule Süd-West Maria Hörmann, Uwe Steglitz,
Dr. med.vet. E. Venzl
Dr. rer.nat. Ute Blaschke-Berthold (angewandte Verhaltensforschung)
Team Hundeschule in Kassel (Meinert, Welp, Dippel)
Fachschule für Mensch und Hund (Elke Müller)
Filme über verschiedene Wolfsrudel
Wikipedia

Adressen/Tel.Nr.

Beagle Gesellschaft Deutschland e.V.
Welpenvermittlung:
Tel. 06233 - 41900
lotti_bling@gmx.de

Beagle Club Deutschland e.V.
Welpenvermittlung:
Tel. 06068 - 912355
welpen@beagleclub.de

TASSO
Otto-Volger-Str. 15
65843 Sulzbach
Tel. 06190 - 937300
www.tasso.net

VDH Verband für das Deutsche Hundewesen
Westfalendamm 174
44141 Dortmund
Tel. 0231 - 56500-0
www.vdh.de

weitere Internetadressen:

www.tiernotruf.org

www.beagle-in-not.de

www.beagle-entlaufen.de

www.ig-hundeschulen.de

7819265R00068

Printed in Germany
by Amazon Distribution
GmbH, Leipzig